AF542770

A. DE MALARCE

REVUE

DES PREMIERS TRAVAUX DE LA SOCIÉTÉ

DES

INSTITUTIONS DE PRÉVOYANCE

Avec Documents, Notes et Observations.

La Société des Institutions de Prévoyance, fondée à Paris, le 14 novembre 1875, et autorisée par arrêté du 24 mars 1876, a pour but l'amélioration et le développement des Institutions de prévoyance :

Caisses d'épargne, Bureaux d'épargne, Caisses d'épargne scolaires;

Assurances sur la vie, en cas de maladie, pour la vieillesse, etc. *Retraites civiles et militaires;*

Unions de consommation et autres unions fondées sur le principe de la prévoyance, etc.

Les Membres titulaires de la Société, souscripteurs d'une cotisation de 10 francs, reçoivent toutes les publications éditées par les soins du Conseil d'administration de la Société.

MM. les Membres de la Société sont priés de provoquer de nouvelles adhésions, notamment parmi les personnes qui appartiennent aux administrations de l'État, des départements et des communes, à l'Enseignement, aux Sociétés savantes, et aux administrations des Caisses d'épargne, des Sociétés de secours mutuels, des Compagnies de Chemins de fer et d'Assurances, et des autres établissements ou associations reconnus d'utilité publique.

Voir l'extrait des Statuts et le tableau du *Conseil d'administration de la Société*, aux pages 2 et 4 de la couverture.

Adresser les correspondances et les demandes pour faire partie de la Société, à **M. de Malarce**, *Secrétaire perpétuel de la Société des Institutions de Prévoyance*, à Paris, 44, rue de Rennes (hôtel de la Société d'Encouragement pour l'Industrie nationale), où le secrétariat est d'ailleurs ouvert tous les dimanches, de onze heures à une heure.

PARIS
IMPRIMERIE ET LIBRAIRIE ADMINISTRATIVES DE PAUL DUPONT
41, rue Jean-Jacques Rousseau (Hôtel des Fermes).
1876

SOCIÉTÉ
DES INSTITUTIONS DE PRÉVOYANCE

FONDÉE A PARIS LE 14 NOVEMBRE 1875.

AUTORISÉE PAR ARRÊTÉ DU 21 MARS 1876.

Siége de la Société : 44, rue de Rennes, à Paris.

Conseil d'administration.

Président : M. HIPPOLYTE PASSY, membre de l'Institut, ancien ministre des Finances, du Commerce et des Travaux publics, président de la Société d'Economie politique, président d'honneur de la Société de Statistique ;

Vice-Président : M. ROY, président à la Cour des comptes ;

Secrétaire perpétuel : M. AUGUSTIN CHAURAND DE MALARCE, membre du Conseil d'administration de la Société des Crèches, membre des Sociétés d'Economie politique, — de Statistique, — de Protection des apprentis, — des Agriculteurs de France ; — de la Society of Arts, Manufactures and Commerce de Grande-Bretagne, etc.

Secrétaire adjoint : M. JOSEPH LEFORT, avocat à la Cour d'appel de Paris, membre de la Société d'Economie politique ;

Trésorier : M. HENRI COSTE, administrateur des Monnaies et Médailles ;

Vice-Trésorier : M. A. MOTHERÉ, chef de la statistique municipale à la Préfecture de la Seine, membre de la Société d'Economie politique.

M. ALEXANDRE BADINET, administrateur de l'Enregistrement, des Domaines et du Timbre au ministère des Finances.

M. le comte BENOIST D'AZY, président de la Commission supérieure de la Caisse des Retraites pour la vieillesse.

M. COUDER, sous-directeur de la comptabilité publique au Ministère des Finances.

M. JULES DELARBRE, Secrétaire d'Etat, directeur de la comptabilité générale au Ministère de la Marine et des Colonies.

M. DELOCHE, membre de l'Institut, directeur de la comptabilité centrale et de la statistique générale au Ministère de l'Agriculture et du Commerce.

M. DUFRAYER, conseiller d'Etat, directeur général des Caisses d'amortissement et des dépôts et consignations.

M. DUMOUSTIER DE FRÉDILLY, directeur du Commerce intérieur au Ministère de l'Agriculture et du Commerce ;

M. LÉOPOLD DE GAILLARD, conseiller d'Etat, membre du Conseil supérieur de l'Instruction publique.

M. JOSEPH GARNIER, membre de l'Institut, sénateur, secrétaire perpétuel de la Société d'économie politique, professeur à l'Ecole des Ponts et Chaussées.

M. KRETZ, Ingénieur en chef, Inspecteur des Manufactures de l'État.

M. LABOULAYE, membre de l'Institut Sénateur, Administrateur du Collége de France, membre du Conseil supérieur de l'Instruction publique.

M. LEVASSEUR, membre de l'Institut, professeur au Collége de France.

M. EUGÈNE MARBEAU, conseiller d'Etat, président de la Société des Crèches.

M. le vicomte ARMAND DE MELUN, membre de la Commission supérieure des sociétés de secours mutuels,

M. CHARLES ROBERT, directeur de la Compagnie d'assurances sur la vie *l'Union*, ancien conseiller d'Etat.

M. ROLLAND, membre de l'Institut, directeur général des Manufactures de l'Etat.

M. FR. DE ROUSSY, conseiller d'Etat, directeur général de la comptabilité publique au Ministère des Finances.

M. EUGÈNE TALLON, membre de la Commission supérieure du Travail des enfants.

M. Ad. TARDIF, conseiller d'Etat, chef de division du Ministère des Cultes.

M. CHARLES TRANCHANT, conseiller d'Etat.

M. WOLOWSKI, membre de l'Institut, Sénateur.

En vertu de l'article 14 des statuts de la Société, le Conseil d'administration a décerné le titre de Président d'honneur à :

M. le Mis D'AUDIFFRET, membre de l'Institut.

M. FRANÇOIS BARTHOLONY, Président du Conseil des Directeurs de la Caisse d'épargne de Paris, Président de la Compagnie des chemins de fer d'Orléans.

M. MICHEL CHEVALIER, membre de l'Institut.

M. F. LOPÈS-DUBEC, Directeur à vie de la Caisse d'épargne de Bordeaux.

(Voir l'extrait des Statuts à la page 4 de la couverture.)

Pour demander à faire partie de la Société, détacher ce feuillet suivant la ligne verticale pointillée, le plier en forme de lettre dans le sens indiqué au verso, et expédier la lettre dûment affranchie.

SOCIÉTÉ DES INSTITUTIONS DE PRÉVOYANCE

à Paris : 44, rue de Rennes

Je, soussigné (nom et prénoms)

(qualité) (1)

demeurant à (adresse précisée)

bureau de poste de *arrondissem^t de*

département de *demande à faire partie de la*

SOCIÉTÉ DES INSTITUTIONS DE PRÉVOYANCE, comme

Membre titulaire de la Société (2) *souscripteur d'une cotisation annuelle de dix francs,* *ou d'une somme de deux cents francs ou plus)* *(ou comme)*

Membre correspondant de la Société (3), *souscripteur d'une cotisation annuelle de cinq francs.*

Date :

(4) *(Signature.)*

(1) Indiquer si le souscripteur appartient aux administrations de l'État, des départements et des communes; à l'Enseignement, et aux administrations des Caisses d'épargne, des Sociétés de secours mutuels, des Compagnies de chemins de fer et d'Assurances, et des autres établissements ou associations reconnus d'utilité publique.

(2) Les Membres titulaires de la Société reçoivent le *Bulletin* et les autres publications éditées par les soins du Conseil d'administration de la Société.

Les Membres de la Société qui remplacent la cotisation annuelle par le don d'une somme de deux cents francs ou plus, peuvent recevoir le titre de Membres d'honneur.

(3) Les Membres correspondants reçoivent le *Bulletin*.

(4) Signer, plier la lettre dans le sens [illegible] et [illegible], et affranchir [illegible].

N. B. — La lettre qui sera ultérieurement adressée par le Secrétaire perpétuel au souscripteur pour l'informer de son admission contiendra une formule pour faciliter au souscripteur l'envoi en mandat de poste de la somme souscrite, au Trésorier de la Société.

Pour demander à faire partie de la Société, détacher ce feuillet suivant la ligne verticale pointillée, le plier en forme de lettre dans le sens indiqué au verso, et expédier la lettre dûment affranchie.

SOCIÉTÉ DES INSTITUTIONS DE PRÉVOYANCE
(à Paris : 44, rue de Rennes)

Je, soussigné (nom et prénoms)

(qualité) (1)

demeurant à (adresse précisée)

bureau de poste de *arrondissem*t *de*

département de *demande à faire partie de la* *SOCIÉTÉ DES INSTITUTIONS DE PRÉVOYANCE, comme* **Membre titulaire de la Société** (2) *souscripteur d'une cotisation annuelle de dix francs, ou d'une somme de* (deux cents francs ou plus) *(ou comme)* **Membre correspondant de la Société** (3), *souscripteur d'une cotisation annuelle de cinq francs.*

(*Date :*)

(4) (*Signature.*)

(1) Indiquer si le souscripteur appartient aux administrations de l'État, des départements et des communes; à l'Enseignement; et aux administrations des Caisses d'épargne, des Sociétés de secours mutuels, des Compagnies de chemins de fer et d'Assurances, et des autres établissements ou associations reconnus d'utilité publique.

(2) Les **Membres titulaires** de la Société reçoivent le *Bulletin* et les autres publications éditées par les soins du Conseil d'administration de la Société.

Les Membres de la Société qui remplacent la cotisation annuelle par la donation d'une somme de deux cents francs ou plus, peuvent recevoir le titre de **Membres d'honneur.**

(3) Les **Membres correspondants** reçoivent le *Bulletin.*

(4) Signer, plier la lettre dans le sens indiqué ci-contre, et affranchir.

N. B. — La lettre qui sera ultérieurement adressée, par le Secrétaire perpétuel, au souscripteur pour l'informer de son admission, contiendra une formule pour faciliter au souscripteur l'envoi (en mandat de poste) de la somme souscrite, au Trésorier de la Société.

Monsieur le Secrétaire perpétuel

de la Société des Institutions de Prévoyance

44, rue de Rennes

PARIS

SOCIÉTÉ

DES

INSTITUTIONS DE PRÉVOYANCE

Société des Institutions de prévoyance.

Extrait des procès-verbaux des séances du Comité des fondateurs et du Conseil d'administration.

Le 14 novembre 1875, dans une des s[illegible]s de l'hôtel de la Société d'Encouragement pour l'Industrie nationale (à Paris rue de Rennes), le Comité des fondateurs de la Société des Institutions de Prévoyance (seize membres étaient présents, sur vingt-deux adhérents) s'est réuni, sur la proposition de M. Augustin Chaurand de Malarce, à l'effet d'organiser une Société de caractère scientifique et bienfaisant, destinée à favoriser l'amélioration et le développement des Institutions de prévoyance, notamment des Caisses d'épargne, des Penny Banks, des Caisses d'épargne scolaires; des Assurances sur la vie, en cas de maladie et pour la vieillesse; des Retraites civiles et militaires; des Unions de consommation et autres Unions établies sur le principe de la prévoyance.

La présidence a été offerte à M. Hippolyte Passy, membre de l'Institut, ancien ministre (des Finances, du Commerce, des Travaux publics), président de la Société d'économie politique et président d'honneur de la Société de statistique.

Sur l'invitation du président, M. de Malarce a exposé les motifs de la fondation proposée. Il a d'abord remercié les membres de la réunion de vouloir bien prendre en mains l'œuvre dont le projet leur a été soumis. Sans doute l'appel à leur dévouement était fait au nom d'un grand intérêt social; mais il est peut-être permis au promoteur de l'œuvre de penser que ces hommes éminents dans la science et les affaires publiques, habitués à favoriser tout ce qui intéresse le bien général de notre pays, et les progrès de la civilisation, ont voulu donner ainsi un témoignage de bienveillante sympathie pour ses efforts dans l'étude et la propagande des Institutions de prévoyance. M. de Malarce rappelle les résultats qu'il a pu obtenir dans ces derniers temps, surtout pour les Caisses d'épargne scolaires, par voie de libre initiative et avec le concours de libres dévouements, en montrant simplement à des Français de bonne volonté ce qui se faisait à l'étranger et les résultats heureux de ces expériences voisines; et il fait connaître que de divers points de la France, des lettres lui sont venues, soit des personnes les plus élevées en position, soit de maires de campagne et de modestes instituteurs, révélant toutes ce même sentiment patriotique: « Nous sommes « prêts à faire ce que font avec succès et pour le plus grand « bien de leur pays, les étrangers, afin que notre pays se relève « au niveau des meilleurs. » Et c'est ainsi qu'en moins de deux ans on a vu s'établir en France, dans trente-deux départements, par un mouvement d'émulation des administrateurs et agents des Caisses d'épargne, des maires, des préfets, des inspecteurs d'académie, des inspecteurs de l'instruction primaire, des instituteurs, plus de quinze cents Caisses d'épargne scolaires, initiant au culte de l'épargne plus de cent vingt mille écoliers.

Ce succès de libres efforts a évidemment prouvé que nos populations sont en ce moment bien disposées à l'égard des œuvres de ce genre; et c'est ce qui a donné à M. de Malarce le désir d'organiser en France une Société analogue à la *Provident Knowledge Society* d'Angleterre, qui, fondée en 1872, a déjà produit de grands bienfaits; ces bienfaits sont constatés par les Rapports officiels mêmes de l'Administration anglaise, qui se félicite du concours que cette Société libre prête à l'administration publique, soit en éclairant, par l'étude comparée des institutions dans les divers Etats les questions de réforme et d'amélioration, soit en préparant l'opinion publique à l'égard de ces réformes, soit en sollicitant les ouvriers par des conférences et des publications populaires (*tracts*) à utiliser les services institués pour leur bien, soit enfin en encourageant les œuvres et les hommes qui contribuent à ces progrès sociaux.

Pour la tâche scientifique de la Société, M. de Malarce a

indiqué, comme exemple, un certain nombre de questions qui pourraient en ce moment, avec un intérêt spécial d'opportunité, être mises à l'étude; ainsi :

— Moyens d'intéresser les agents et employés des Caisses d'épargne aux progrès de l'institution ;

— Simplification du système de comptabilité intérieure des Caisses d'épargne, et facilitation des opérations ;

— Organisation de Bureaux d'épargne pour les ouvriers des manufactures ;

— Création de Cartes d'épargne des sous par timbres-poste ;

— Encouragements pour les Caisses d'épargne scolaires ;

— Moyens de populariser la Caisse des retraites pour la vieillesse ;

— De l'assurance sur la vie comme instrument de crédit réel pour les ouvriers, les artisans et les petits commerçants ;

— Du système des Retraites d'après la méthode pratiquée par le *Lloyd* de Trieste depuis 1847, et adoptée par l'*Act* du Parlement anglais du 26 juillet 1860 sur les Commutations de pensions ;

— Organisation et résultats de l'Union de consommation des fonctionnaires résidant à Londres, dite : *Civil service Supply association;* et de l'Association générale des employés de l'empire Austro-Hongrois ;

— Des institutions de prévoyance, comparées, dans les grandes Compagnies des chemins de fer, en France, en Belgique, en Angleterre et en Autriche.

Après cet exposé, M. de Malarce a donné lecture du projet de statuts, qu'il avait déjà communiqué à chacun des membres fondateurs.

M. le Président a mis le projet en délibération : les articles ayant été discutés, amendés et votés séparément, l'ensemble des statuts a été adopté (la rédaction définitive, approuvée dans la séance suivante, le 5 décembre 1875, a été revêtue de la signature des vingt-deux membres fondateurs).

M. le Président a déclaré la Société constituée par les vingt-deux membres fondateurs, qui dès lors agiront comme Conseil d'administration de la Société. Le Conseil décide que pour le moment, il ne sera pas pourvu aux huit places restant vacantes dans le Conseil.

Il est alors procédé à l'élection du bureau, au scrutin secret. En conséquence, le Conseil d'administration de la Société des Institutions de Prévoyance, y compris le Bureau, se trouve composé comme il suit :

Conseil d'administration

Président : M. Hippolyte Passy, membre de l'Institut, ancien ministre, président de la Société d'Economie politique;

Vice-Président : M. Roy, président de la Cour des comptes;

Secrétaire perpétuel : M. Augustin Chaurand de Malarce, membre du Conseil d'administration de la Société des Crèches, membre des Sociétés d'Economie politique, de Statistique, etc.

Secrétaire adjoint : M. Joseph Lefort, avocat à la Cour d'appel de Paris, membre de la Société d'Economie politique;

Trésorier : M. Coste, administrateur des Monnaies et Médailles :

Vice-Trésorier : M. A. Motheré, chef de la statistique municipale à la Préfecture de la Seine, membre de la Société d'Economie politique.

M. le comte Benoist d'Azy, membre de l'Assemblée nationale, président de la Commission de la Caisse des Retraites pour la vieillesse.

M. Couder, sous-directeur de la comptabilité publique au Ministère des Finances;

M. Deloche, membre de l'Institut, directeur de la comptabilité centrale et de la statistique générale au Ministère de l'Agriculture et du commerce.

M. Dufrayer, conseiller d'Etat, directeur général des Caisses d'amortissement et des dépôts et consignations ;

M. Dumoustier de Frédilly, directeur du Commerce intérieur au Ministère de l'Agriculture et du Commerce;

M. Léopold de Gaillard, conseiller d'Etat, membre du Conseil supérieur de l'instruction publique;

M. Joseph Garnier, membre de l'Institut, secrétaire perpétuel de la Société d'économie politique, professeur à l'Ecole des Ponts et Chaussées;

M. Levasseur, membre de l'Institut, professeur au Collége de France ;
M. E. Marbeau, conseiller d'Etat, président de la Société des Crèches ;
M. Charles Robert, directeur de la Compagnie d'assurances sur la vie *l'Union*, ancien conseiller d'Etat.
M. Rolland, membre de l'Institut, directeur général des Manufactures de l'Etat au Ministère des Finances ;
M. Fr. de Roussy, conseiller d'Etat, directeur général de la comptabilité publique au Ministère des Finances ;
M. Eugène Tallon, membre de l'Assemblée nationale, membre de la Commission supérieure du Travail des enfants dans l'industrie ;
M. Ad. Tardif, conseiller d'Etat, chef de division des Cultes au Ministère de l'instruction publique, des Cultes et des Beaux-Arts.
M. Charles Tranchant, conseiller d'Etat.
M. Wolowski, membre de l'Institut, membre de l'Assemblée nationale, professeur au Conservatoire des Arts et Métiers.

Dans la séance du 5 décembre, M. Hippolyte Passy, président, propose au nom du Bureau, et le Conseil décide, de décerner, en vertu de l'article 14 des statuts, le titre de *Président d'honneur :* à

M. le Mis d'Audiffret, membre de l'Institut ;
M. François Bartholony, Président du Conseil des Directeurs de la Caisse d'épargne de Paris, Président de la Compagnie des chemins de fer d'Orléans;
M. Michel Chevalier, membre de l'Institut;
M. F. Lopès-Dubec, Directeur à vie de la Caisse d'épargne de Bordeaux.

Dans la séance du 26 décembre, présidée par M. Roy, vice-président, le conseil règle d'autres mesures complémentaires d'organisation.

Dans les séances mensuelles des 6 février, 12 mars, 2 avril et 7 mai, présidées par M. Hippolyte Passy, le Conseil vote sur les demandes d'admission d'adhérents ; il examine les documents et communications adressés à la Société par ses correspondants de France et de plusieurs pays étrangers, notamment d'Angleterre, de Belgique, des Pays-Bas, de Suisse, d'Italie, d'Espagne, d'Autriche, de Hongrie, du Japon et des États-Unis d'Amérique, et il étudie plus spécialement les moyens de multiplier et de faciliter les services d'épargne, et d'assurer les meilleurs effets aux mesures que le Gouvernement et les Administrations ont prises, dans ces dernier temps, à ce sujet.

Dans la séance du 12 mars, le Conseil, sur les propositions du Bureau, élit Administrateurs à vie, pour remplir quatre des huit places vacantes :

M. Alexandre Babinet, administrateur de l'Enregistrement, du Timbre et des Domaines au Ministère des Finances.

M. X. Kretz, ingénieur en chef, Inspecteur des manufactures de l'État au Ministère des Finances.

M. Laboulaye, membre de l'Institut, sénateur, administrateur du Collège de France, membre du Conseil supérieur de l'instruction publique.

Et M. le vicomte Armand de Melun, membre de la Commission supérieure des Sociétés de secours mutuels.

Par arrêté en date du 24 mars 1876, la Société des Institutions de Prévoyance est légalement autorisée.

Dans la séance du 2 avril, le Conseil, sur la proposition du Bureau, et en vertu de l'article 15 des Statuts, décerne le titre de Membre d'honneur de la Société des Institutions de prévoyance à M. Alphonse Bouvret (Conseiller municipal de Bourg-la-Reine, fondateur de la Caisse d'épargne scolaire à Bourg-la-Reine, exécuteur testamentaire de la comtesse de Caen), donateur de 500 francs.

Dans la séance du 7 mai, le Conseil, suivant l'article 6 des Statuts, élit M. Levasseur, Vice-Président pour le semestre de juin-décembre 1876.

Dans la séance du 7 mai, le Conseil, sur la proposition du Secrétaire perpétuel, décide qu'en 1878, à l'occasion de l'Exposition universelle de Paris, aura lieu *un Congrès des Institutions de Prévoyance*. Ce Congrès dirigé, comme la Société, dans un esprit essentiellement pratique et avec un caractère bien défini, aura pour but d'élucider un certain nombre d'améliorations et de réformes par un échange de vues et d'expériences des divers pays représentés à cette réunion.

Le Bureau de la Société préparera le programme, et enverra en temps utile les invitations.

Le Congrès sera terminé par une Assemblée générale, où seront distribuées les récompenses spécifiées dans l'article 2 des Statuts.

Par suite de l'obligeance de M. Dumas, de l'Institut, président de la Société d'encouragement pour l'industrie nationale, la Société des Institutions de Prévoyance établit son siége social dans une des dépendances de l'Hôtel de la Société d'encouragement, 44, rue de Rennes, Paris.

Dans la séance du 10 juillet, présidée par M. le président Roy, le Conseil élit administrateur à vie, M. Jules Delarbre, conseiller d'État, directeur de la Comptabilité générale au Ministère de la Marine et des Colonies.

Le Conseil décide qu'une lettre sera adressée, au nom du Conseil d'administration de la Société, aux Présidents des Conseils généraux pour appeler l'intérêt des Assemblées départementales, lors de la session d'août, sur l'institution des Caisses d'épargne scolaires.

Lettre adressée aux Présidents des Conseils généraux par la Société des Institutions de Prévoyance en faveur des Caisses d'épargne scolaires.

Paris (44, rue de Rennes), le 20 août 1876.

A Monsieur le Président du Conseil général de.....

MONSIEUR LE PRÉSIDENT,

Nous avons l'honneur de vous offrir, et d'offrir au Conseil général que vous présidez, la *Revue des premiers travaux* de la Société des Institutions de Prévoyance et le *Manuel des Caisses d'épargne scolaires.*

Nous appelons particulièrement l'intérêt de l'Assemblée départementale sur l'Institution des Caisses d'Epargne Scolaires, dont notre Société s'occupe d'une manière plus spéciale en ce moment.

Cette Institution est dans une voie de développement rapide, régulier et très-heureusement favorisé par l'opinion publique. La France compte aujourd'hui cinquante-trois départements dans lesquels l'Institution des Caisses d'Epargne Scolaires a été introduite, et librement introduite, par le concours dévoué et désintéressé d'hommes de bien : plus de deux mille trois cents écoles sont déjà munies de ce service, et plus de cent cinquante-cinq mille écoliers sont ainsi parvenus au grand livret de Caisse d'Epargne. (Voir la note ci-jointe.)

Plusieurs Conseils généraux, appréciant les résultats déjà constatés, les procédés faciles d'exécution, le bienfait et la popularité des Caisses d'Epargne Scolaires, ont voté des crédits destinés à propager cette utile Institution, c'est-à-dire, à doter les écoles de leur département des imprimés nécessaires, et à récompenser les efforts des instituteurs et le zèle des employés de la Caisse d'Epargne. (Conseil général de l'Aisne, de l'Aube, de la Gironde, de l'Hérault, du Puy-de-Dôme, de la Somme, etc., votes de crédits de 800 à 1,800 francs, etc.)

En signalant ces faits sommaires, développés dans la note

ci-jointe, et en sollicitant les Conseils généraux à continuer ou accorder leurs encouragements aux Caisses d'Epargne Scolaires de leur département, la Société des Institutions de Prévoyance obéit à la loi de sa fondation qui se résume ainsi :

Apprécier, par l'étude comparée des expériences des divers pays, les Institutions de prévoyance, leurs méthodes et les résultats ;

Recommander et propager, par les moyens de publicité dont elle dispose, les institutions reconnues les plus utiles, et les méthodes les meilleures, c'est-à-dire surtout les plus pratiques.

Nous vous serons reconnaissants, Monsieur le Président, de vouloir bien donner lecture de cette lettre à vos honorables collègues.

La Société sera toujours empressée d'accueillir dans les colonnes de son Bulletin les communications que vous voudriez bien lui faire, et d'ouvrir ses archives à tous les conseillers généraux qui désireraient de plus amples renseignements sur ces questions de si grand intérêt public.

Veuillez agréer, Monsieur le Président, les assurances de nos sentiments de haute considération.

Le Président des Fondateurs de la Société,
premier Président élu,
HIPPOLYTE PASSY,
Membre de l'Institut.

Le Président,
ROY,
Président à la Cour des Comptes.

Le Secrétaire perpétuel,
A. DE MALARCE.

NOTE.

L'institution des Caisses d'Epargne scolaires est devenue, dans ces dernières années, en Belgique, en Angleterre, en Italie et en France, comme une branche de l'éducation populaire, l'apprentissage de la vie économique de l'ouvrier par l'exercice pratique de l'épargne, par le maniement du livret de Caisse d'Epargne.

C'est l'habitude de l'ordre, de la sobriété, de la prévoyance inculquée à l'enfant sur les bancs de l'école, dans cet âge tendre où les bonnes habitudes pénètrent mieux l'esprit que dans l'âge adulte, alors que l'homme est déjà formé.

Ainsi, avec quelques-uns des sous de poche que ses parents lui donnent en libre disposition pour ses menus plaisirs, l'enfant apprend dès l'école à faire ce qu'il devra faire plus tard s'il est ouvrier sage et bien ordonné.

On est heureux de pouvoir dire que l'idée première de la Caisse d'Epargne scolaire est une idée française; elle a été conçue en effet et mise en œuvre, par quelques essais isolés, dans trois localités de notre pays, il y a près de quarante ans. Comme il est arrivé pour plusieurs autres institutions sociales, l'idée française ne reçut pas en France l'organisation précise, simple et sûre qui devait rendre l'institution presque partout possible et éminemment bienfaisante.

C'est en Belgique que cette organisation a été formulée; et ce système est aujourd'hui consacré par une large expérience et qui compte déjà dix années de succès.

Et c'est de Belgique qu'en 1874, M. de Malarce a comme réimportée en France la Caisse d'épargne scolaire, à la suite d'une mission dont il avait été chargé sur sa demande par le ministère du commerce.

C'est de là aussi qu'en la même année, M. G. Fitch, Inspecteur général des écoles d'Angleterre, a rapporté la bonne méthode dans son pays, où divers procédés de Caisses d'Epargne scolaire avaient depuis longtemps été essayés; mais ces essais avaient eu peu de réussite, à cause des graves inconvénients que présentaient les procédés d'opération pour les autorités scolaires et les instituteurs. On peut dire de la Caisse d'Epargne scolaire ce que l'on a dit de la Salle d'asile, née en France en 1769, et réimportée d'Angleterre avec sa méthode parfaite en 1825 : que c'est la *méthode* qui a assuré le succès de l'institution.

Après avoir reçu l'approbation des ministères compétents,

du Commerce, des Finances et de l'Instruction publique, le promoteur des Caisses d'Epargne scolaires en France, comme M. Laurent en Belgique et M. Fitch en Angleterre, a agi par voie de libre initiative faisant appel à des dévouements tout à fait volontaires.

L'institution a pris partout un caractère local, très-favorable à la durée et à la bonne conduite des fondations, chacun, dans son milieu d'action, prenant à cœur le service qu'il a librement établi et pouvant s'en faire honneur.

Le principal instrument de propagande a été le *Manuel des Caisses d'Epargne scolaires en France*, où M. de Malarce a exposé le règlement, le procédé d'opération et les modèles de comptabilité, conformément au système pratiqué en Belgique depuis 1866, adopté en Angleterre en 1875 et qui vient encore d'être adopté en Italie.

Ce système d'opération a le mérite, en effet, de ne demander à l'instituteur qu'un travail court et facile, et de ne pas lui imposer une responsabilité incompatible avec sa situation ; d'autre part, au point de vue tout à fait considérable du rôle « éducatif » de la Caisse d'Epargne scolaire, ce système (suivant une heureuse expression de l'ancien Ministre des finances d'Italie, M. Sella) rend palpable, à l'écolier, l'institution de la Caisse d'Epargne, en mettant dans ses mains le livret de Caisse d'Epargne, livret qu'il s'est acquis lui-même par les premiers efforts de sa volonté virile, et qu'il conservera toute sa vie comme l'outil de son bien-être, et peut-être de sa fortune.

Voici, en effet, le fonctionnement (exposé dans ses détails, aux pages 5 à 9 du *Manuel*) :

Une fois par semaine, d'ordinaire le mardi matin, l'instituteur annonce à ses élèves l'*exercice de l'épargne ;* il reçoit les petites sommes versées par chaque élève épargnant, et les inscrit immédiatement, séance tenante : 1° sur un registre *ad hoc*, à la page affectée au compte de l'élève, et 2° sur une feuille volante duplicata du compte de l'élève, laquelle feuille est gardée par l'élève, qui doit la représenter à chaque paiement.

Une fois par mois, les versements du mois des élèves qui ont épargné un franc ou plus, sont transmis, en francs ronds pour chaque élève, par l'instituteur à la Caisse d'Epargne de la localité, et inscrits par les employés sur un *livret ordinaire* de déposants.

Ce livret constitue l'élève créancier direct de la Caisse d'Epargne, et exonère l'instituteur de toute charge et responsabilité à cet égard.

Ce livret, où l'enfant se voit traité en homme parce qu'il fait là acte d'homme, est l'instrument éducatif de l'enfant et aussi parfois de sa famille.

Lorsque, en vue de quelque dépense utile, parfois même pour venir en aide à sa famille dans un moment de gêne, un élève veut retirer tout ou partie de son avoir déposé à la Caisse d'Epargne, il lui suffit de l'intervention de son représentant légal.

Les dépôts d'épargne doivent toujours être remboursables, c'est un des principes fondamentaux de la Caisse d'Epargne.

Et il importe que l'élève, qui a épargné des sous dont il pouvait librement user, soit encouragé par la pensée qu'il retrouvera le fruit de ses privations pour une dépense utile, pour une aide à sa famille : pensée morale et qui inspire aussi la notion exacte de la vie économique.

Plusieurs rapports d'inspecteurs d'Académie et d'instruction primaire constatent déjà les effets moraux non moins que les résultats économiques des Caisses d'Epargne en France. Telles sont entre autres et surtout, les observations consignées dans le Rapport en date du 10 avril 1876, dûment approuvé par M. Liès-Bodart, Inspecteur d'Académie de la Gironde, et présenté par M. Chaumeil, Inspecteur de l'instruction primaire de l'arrondissement de Bordeaux.

Depuis le commencement de 1875, où 51 écoles de Bordeaux ont été munies de Caisses d'Epargne scolaires, 4,521 élèves sont parvenus ainsi au grand livret de Caisse d'Epargne, et possèdent aujourd'hui à la Caisse d'Epargne 48,725 francs, non compris une somme de près de 10,000 francs que ces braves enfants, non moins généreux qu'économes, ayant aussi bon cœur que bon esprit, ont donné, de leur plein gré, chacun librement, à la Souscription des inondés du Midi.

Les populations rurales ne sont pas moins remarquables dans cet ordre de progrès : ainsi, le département de l'Aisne, grâce surtout au dévouement intelligent de l'Inspecteur primaire de Vervins, M. Delsart, et à la bienveillante sympathie de M. Bretignère, inspecteur d'académie de l'Aisne, compte aujourd'hui 494 écoles munies de Caisse d'Epargne et 5,428 écoliers parvenus au grand livret, avec un avoir de 128,288 fr.

Au total, pour la France, l'institution a déjà été introduite dans 53 départements; et elle a initié au culte de l'épargne, dans plus de 2,300 écoles, 155,000 écoliers déjà parvenus au grand livret, élevés ainsi, pour le bien des générations prochaines, au rang des travailleurs sobres, bien réglés et prévoyants, c'est presque dire honnêtes et heureux.

Et dans un grand nombre de rapports des instituteurs, des délégués cantonaux, des inspecteurs primaires, on voit, comme dans les Rapports de M. Chaumeil, de M. Delsart, les effets immédiats sur les mœurs des écoliers: habitudes plus sobres des enfants, plus d'exactitude aux classes, plus de docilité, meilleure discipline. Par là on peut juger de l'amélioration des mœurs que prépare la Caisse d'Epargne scolaire.

L'action moralisatrice de cette institution agit même déjà sur les adultes, par la propagande que font les écoliers dans leurs familles, où ils rapportent leurs livrets, les notices, et les leçons économiques et morales faites par l'instituteur à l'occasion de l'exercice scolaire de l'épargne.

Cette propagande par les enfants a été constatée, en Belgique et signalée même par l'administration belge, qui attribue pour une grande part aux Caisses d'épargne scolaires l'extension rapide de la clientèle des déposants adultes dans ces dernières années.

Et le Rapport officiel du 15 avril 1875 sur les Caisses d'Epargne ajoute : « Le plus grand nombre (des parents des « élèves) ne connaissaient pas la Caisse d'Epargne et ne s'en « formaient sans doute pas une idée, avant d'avoir vu les livrets « par leurs enfants. »

Et de cette propagande, nous pouvons apprécier déjà les effets positifs en France dans plusieurs localités, notamment à Bordeaux, où les Caisses d'Epargne scolaires fonctionnent si bien depuis le commencement de l'année 1875.

Dans ces dernières années, avant 1875, la Caisse d'Epargne

de Bordeaux comptait une clientèle de 32,063 déposants en 1872, de 33,780 en 1873 et de 35,185 en 1874, et un stock de dépôts de douze millions de francs en 1872, de douze millions et demi en 1873, et de treize millions (13,042,079 francs) en 1874; et tout à coup, dans le cours de l'exercice 1875, sa clientèle s'élève au chiffre de 41,820 déposants, et son stock à près de quinze millions (14,800,491 francs).

Ainsi, l'influence de la Caisse d'Épagne scolaire ne porte pas seulement sur les ouvriers de l'avenir, mais on conquiert la génération adulte présente. C'est vingt ou trente ans de gagnés pour le progrès.

Et nous pouvons ajouter cette considération, de grande importance pratique, que la fortune des Caisses d'Épargne reçoit ainsi un profit immédiat, tout en se préparant pour l'avenir, par les écoliers d'aujourd'hui, une large et fructueuse clientèle de déposants. Car on sait que chaque Caisse d'Épargne a pour principale ressource de ses frais d'administration une retenue de tant pour cent sur son stock de dépôts.

On le voit, dans cette institution des Caisses d'Épargne scolaires, on peut dire que tout le monde y gagne : les générations de l'avenir, les enfants, par une meilleure éducation économique et morale; les générations présentes, par la propagande que font tout naturellement, dans les familles ouvrières les enfants initiés au culte de l'épargne par l'exercice de l'école; et enfin, les administrateurs des Caisses d'Épargne, qui verront ainsi leur clientèle adulte s'étendre et se renforcer, leur stock de dépôts se grossir, leurs revenus administratifs par là s'augmenter, et leurs frais généraux relativement s'alléger en portant sur une plus grande masse de dépôts.

Et nous n'avons pas besoin de rappeler ici l'intérêt social, évident, qui se trouve à tant d'égards si bien servi par ces progrès de la prévoyance populaire, dont les effets se traduisent ainsi : plus d'ordre, de bien-être et de contentement dans les familles ouvrières, plus de richesse et de moralité dans la nation, et de bonne harmonie dans la société.

Tel est le sentiment des hommes d'Etat les plus autorisés

par leur profonde expérience des affaires publiques : ainsi, M. Gladstone, étant premier ministre d'Angleterre, a dit « que « depuis la loi pour la liberté commerciale (l'act de Robert Peel, « de 1846) il n'y avait pas en Angleterre de loi qui ait contri- « bué à améliorer la condition des classes les moins fortunées « et en général les mœurs et la richesse nationale autant que « l'act de 1861 ; » c'est-à-dire l'act qui a eu pour résultat direct, en moins de quinze ans, de rallier au culte de l'épargne un million six cent soixante-dix mille ouvriers de plus (ainsi en 1861 : 1,600,000 livrets ; en 1875, 3,270,000 livrets). Or, la France, plus peuplée que l'Angleterre, ne compte que deux millions de livrets, c'est-à-dire à peu près le nombre de l'Angleterre en 1861, relativement à la population, et beaucoup moins que le nombre de l'Angleterre aujourd'hui. Pour être au niveau de l'Angleterre, la France devrait compter 3,600,000 déposants.

A ce progrès nos Caisses d'Epargne scolaires pourront aider puissamment, si nous considérons combien, par expérience, le gouvernement belge apprécie, sur les faits observés en Belgique, l'influence de la Caisse d'Epargne scolaire pour accroître la clientèle adulte des Caisses d'Epargne, et, par suite, pour améliorer la condition morale et matérielle d'un peuple.

Progrès des Institutions d'épargne en Europe pendant ces dernières années.

Dans ces dernières années, il s'est produit en Europe, en faveur des Institutions d'Épargne, un mouvement comparable au grand mouvement de 1818, que suscita sur le continent l'acte du Parlement anglais d'août 1817, première assise de la législation des Caisses d'épargne.

Le mouvement actuel s'est montré plus puissant et plus large; c'est qu'il agit sur un terrain affermi par l'expérience d'un demi-siècle, par l'expérience de tous les pays du monde civilisé.

Tous les peuples civilisés possèdent aujourd'hui de nombreux Établissements d'épargne populaire, et l'Europe compte aujourd'hui, dans ses Caisses d'épargne, d'après les derniers documents officiels connus, un stock de (6,950 millions de francs) six milliards neuf cent cinquante millions de francs, et une clientèle de (12,270,000) plus de 12 millions de déposants.

La Suisse compte un livret de Caisse d'Épargne	sur 5	hab.
Le Danemarck	1 — 6	—
La Suède et la Norwége	1 — 8	—
L'Angleterre	1 — 10	—
La Prusse	1 — 12	—
L'Allemagne (ensemble)	1 — 14	—
La France	1 — 18	—

L'Angleterre, avant sa grande réforme des Caisses d'épargne de 1861, comptait 1,700,000 déposants, soit un livret sur 18 habitants, avec un avoir d'un milliard de francs; quatorze ans après la réforme, elle compte 3,200,000 déposants, avec un avoir total d'un milliard sept cent millions.

La France, au plus haut point, avant la guerre, comptait 2,130,000 déposants, avec 720 millions de francs.

L'Angleterre, avant la réforme de 1861, n'offrait au service de ses ouvriers économes que 628 Caisses d'épagne, la plupart ouvertes seulement un jour et demi par semaine; elle en possède aujourd'hui près de 6,000, dont 5,400 sont ouvertes tous les jours et toute la journée.

La France ne possédait, en 1874, que 521 Caisses d'épagne et 641 succursales, la plupart ouvertes seulement une fois par semaine.

L'Angleterre, qui, en 1817, avait donné l'exemple à l'Europe, mais s'était ensuite un peu attardée, a repris la tête et l'entraînement par l'acte du 17 mai 1861, qui a doté le Royaume-Uni du réseau de Caisses d'épargne le plus étendu et le mieux organisé qui soit au monde.

Les résultats de cette réforme ont de nouveau stimulé les peuples du continent et de la Grande-Bretagne elle-même. Les Parlements anglais, belge, italien, hollandais ont voté des lois importantes pour les divers services de l'épargne populaire; et les gouvernements de France, d'Angleterre, de Belgique, d'Italie, de Hongrie, ont décrété des mesures administratives favorables aux institutions de cet ordre; et les assemblées de province et des communes, dans la plupart des pays de l'Europe, ont témoigné de la même sollicitude par des votes de crédits destinés à seconder les efforts de l'initiative privée; et l'initiative privée s'est montrée presque partout, même en France, avec cette énergie féconde dont il n'est pas inutile de démontrer la valeur au public français par l'argument le plus puissant, par les faits accomplis, comme on le verra dans les divers chapitres de cette Revue.

Les étrangers, parfois justes envers nous, rendons-leur cette justice, n'ont pas négligé de reconnaître que l'impulsion donnée à ce mouvement était due pour une certaine part à la France.

Le Rapport officiel du Post Office de 1875 faisait connaître qu'en 1870, le gouvernement français avait envoyé étudier à Londres les Post Office Sawings Bancks, et que cette mission (dont nous fûmes chargé par le Ministère du commerce) avait été suivie de missions analogues de la part des gouvernements des États-Unis, des Pays-Bas, de Hongrie, etc.

C'est, en effet, le plus précieux sujet d'étude que l'institution de 1861, dont le fondateur, M. Gladstone, a dit fièrement que, depuis la loi pour la liberté commerciale (l'act de Robert

« Peel de 1846), aucune loi n'a contribué à améliorer la con-
« dition des classes les moins fortunées, et, en général, les
« mœurs et la richesse de la nation, autant que la loi de 1861. »

C'est sur cette belle expérience que nous avions surtout basé nos vues de réforme de nos Caisses d'Épargne de France, lorsque nous publiâmes les conclusions de notre mission dans la *Revue des Deux-Mondes* du 15 juin 1872.

Nous n'avons pas besoin de rappeler ici comment le projet, formulé en proposition de loi, n'eut pas de suite à l'Assemblée nationale, mais fut utilisé aussitôt par le Parlement italien. Toutefois, un décret de notre Gouvernement, rendu sur la proposition des ministres des Finances et du Commerce, a réalisé, le 23 août dernier, la plus importante des mesures souhaitées, la multiplication des Bureaux d'épargne par les Perceptions et les Postes. Près de 300 de ces agences sont déjà organisées ou près de l'être.

L'administration anglaise nous offrait aussi d'autres enseignements : le département administratif des Post Office ne s'est pas borné, en effet, à multiplier les Caisses postales, à rendre les opérations plus faciles, plus rapides, plus commodes et moins coûteuses; elle s'est occupée encore de favoriser, en les régularisant, les Penny Banks, ces auxiliaires de la Caisse d'Épargne, qui se comptent par trois mille dans le Royaume-Uni, qui se sont prouvés très-utiles depuis vingt ans, mais dont l'organisation laisse trop souvent prise à la critique, aux abus.

Nous avons profité de ces critiques pour créer, en France, pour nos ouvriers et apprentis des ateliers et des manufactures, des Penny Banks améliorés : tels sont les *Bureaux d'épargne*, dont notre Revue donne ci-après l'organisation.

Enfin, l'année dernière, le chancelier de l'Échiquier, sir Stafford Northcote, ayant présenté deux bills sur la gestion, par le National Debt Office, des fonds des Caisses d'épargne privées et postales, la discussion du Parlement a mis en lumière un système méthodique et savant, pratiqué depuis 1855 en Angleterre, sous l'initiative de M. Gladstone, et qui offre aux financiers d'État l'expérience la plus intéressante dont on puisse s'éclairer et s'autoriser, comme nous le montrerons prochainement, en résumant la mission dont nous fûmes chargé l'année dernière par le Ministère des Finances, et en exposant l'opération de la conversion de l'Emprunt Morgan, basée sur le système de M. Gladstone.

La Belgique, ce petit pays qui fait si bien de grandes choses dans sa vie régulière et paisible, a, dans ces derniers temps, réalisé de très-heureuses améliorations.

Le Gouvernement a utilisé les Postes comme auxiliaires de la Caisse d'Épargne nationale, et s'en trouve bien ; et, d'autre part, un simple particulier, — savant économiste, il est vrai, et de plus, éminent homme de bien, — a réussi la solution du problème que la France, il y a quarante ans, avait posé, sans le résoudre : l'organisation simple, facile et sûre des Caisses d'Épargne scolaires, la méthode qui, seule, pouvait rendre praticable cet apprentissage de la vie économique par l'exercice pratique de l'épargne, en ne demandant aux instituteurs qu'un travail court et facile, et sans leur imposer une responsabilité inacceptable.

La Caisse d'Épargne scolaire qui, depuis 1866, a été expérimentée en Belgique, et on sait avec quels résultats, a été introduite en Angleterre, en 1875, par M. G. Fitch, inspecteur général des Écoles d'Angleterre; ainsi ont été corrigés les anciens *School Penny Banks*, qui avaient peu réussi, parce qu'on avait voulu transformer les instituteurs en agents de Caisse d'Épargne, chargés d'un travail impossible et grevés d'une responsabilité dangereuse; parce que les Caisses d'Épargne avaient cherché à s'exonérer de leur besogne, en rejetant sur les directeurs d'écoles ou les *trustees* scolaires, la tâche et les garanties. La méthode créée par le savant Belge, M. Laurent, système essentiellement pratique, si habile à ménager le dévouement de l'instituteur, et qui a fait le succès de l'institution en Belgique, en fait aussi le succès en Angleterre et en France.

Car, de Belgique aussi, dans les premiers mois de 1874, nous avons importé en France la Caisse d'Épargne scolaire, que précédemment nous avions signalée à l'intérêt français dans les rapports de notre mission d'Autriche de 1873, et qu'une mission du Ministère du Commerce, en 1874, nous permit d'aller étudier sur les lieux.

Grâce au concours admirable que nous avons trouvé dans tous les départements de la France, et dans tous les ordres de gens de bien, nous pouvons dire que l'institution des caisses d'épargne scolaires est bien et dûment rapatriée dans le pays où naquit, vers 1838, l'idée première de ce service d'éducation économique.

Et l'on verra, dans les chapitres de cette Revue, consacrés aux autres pays, que, depuis quelques mois, peut-être, par ce don de rayonnement intellectuel dont la France eut autrefois le privilége, les Caisses d'Épargne scolaires se propagent dans toute l'Europe et jusqu'aux extrémités du monde civilisé, chez les vieux peuples de l'Extrême Orient et dans les colonies naissantes du Nouveau-Monde Australien.

Par là nous prenons confiance dans le succès de ces améliorations, estimées si utiles en tant de pays, et peut-être plus nécessaires encore aujourd'hui à la France, pour son relèvement national.

Mais il faut s'allier ceux qui, à divers titres, ont action sur les œuvres de prévoyance. Il ne suffirait pas d'être assuré du concours des chefs : les soldats peuvent rendre le progrès facile ou le faire impossible. Et c'est pourquoi nous prions MM. les présidents et administrateurs des Caisses d'Épargne, si attentifs aux intérêts dont ils ont accepté le soin, de vouloir bien examiner les vues que nous leur soumettons ci-après sur les moyens d'intéresser les employés au progrès des Caisses d'Épargne.

Moyens d'intéresser les agents et employés des Caisses d'épargne aux progrès de l'Institution.

Le succès des Caisses d'épargne anglaises tient encore à d'autres avantages que la multiplicité des bureaux, la simplicité des opérations et la permanence du service : ainsi une mesure d'organisation intérieure a contribué pour beaucoup à étendre la clientèle, en captivant les ouvriers économes. Les employés des Post Office Savings Banks, qui sont en relation personnelle avec le public, ont été intéressés, par une ingénieuse disposition administrative, à bien accueillir les clients, à les attirer, c'est-à-dire à étendre la clientèle. Les post masters sont en effet rémunérés, pour les affaires de Savings Banks, en raison du nombre des opérations effectuées par leurs soins, et sur le taux de 12 c. 1/2 par versement ou retrait. Aussi se montrent-ils disposés à toutes les améliorations générales qui préparent ou provoquent de nouveaux clients; et, par exemple, ils aident volontiers aux Penny Banks et aux School Penny Banks, qui forment de nouvelles recrues pour l'armée des épargnants. Tandis qu'en France les employés des Caisses d'épargne n'ont pas d'intérêt immédiat à multiplier les clients; la plupart sont portés à ne voir là qu'un accroissement de besogne.

Les maires et les autres administrateurs gratuits de nos Caisses d'épargne, qui apportent dans ce patronage généreux un sentiment si élevé de l'intérêt public, ne rencontreraient pas si souvent des résistances occultes de la part de leurs agents ou employés s'ils s'avisaient de les intéresser personnellement au progrès de l'institution, c'est-à-dire à tout ce qui peut étendre la clientèle des déposants et grandir le bienfait de ce service public : multiplication des succursales, perfectionnement des procédés, adoption des Penny Banks ou Bureaux d'épargne, et des Caisses d'épargne scolaires, qui préparent et recrutent de nouveaux épargnants.

Le bon vouloir des employés d'une Caisse d'épargne est, en effet, de très-grande importance pour toutes ces améliorations. Par leurs rapports constants et directs avec le public, ces employés connaissent les goûts, les convenances et jusqu'aux préjugés des ouvriers économes ; ils peuvent ainsi faire comprendre les œuvres nouvelles du service; de plus, dans beaucoup de localités, en France, ils sont, de fait, les véritables gérants de la Caisse d'épargne, et ils se trouvent maîtres de faire adopter et réussir les améliorations les plus désirables, comme de les faire ajourner ou dénaturer.

Pour réformer et améliorer une Caisse d'épargne, il faut donc pouvoir compter sur eux, et, par conséquent, les intéresser à l'entreprise en éveillant leurs légitimes intérêts de fortune, de famille, d'avenir.

Dans la plupart de nos Caisses d'épargne de France, la situation faite aux employés les rend trop indifférents à leur service; si quelques-uns s'inspirent du dévouement public, qui est l'âme de l'institution des Caisses d'épargne, certains autres, par les conditions mêmes de leur emploi, sans grande chance d'avancement ni d'amélioration de traitement, s'enferment dans leur tâche mécanique ; ils regardent comme une importunité tout ce qui peut modifier leurs petites habitudes, même en simplifiant leur besogne; et à plus forte raison sont-ils portés à repousser tout ce qui peut les surcharger d'un nouveau travail par l'extension de la clientèle.

Il me semble facile, autant que juste et nécessaire, de changer cet esprit d'indifférence, en apportant à ces employés l'un des ferments de l'activité humaine, l'espérance de conquérir une condition meilleure par un meilleur travail, travail plus fécond pour le bien public. Il suffirait de régler leur traitement de manière à l'augmenter suivant le progrès du service. Ainsi leur traitement se composerait d'une somme fixe et d'un supplément éventuel : le fixe serait ce qui est établi ; et à la fin de chaque exercice, si l'on constatait une augmentation, sur l'année précédente, dans le nombre des livrets et des opérations et dans le stock des dépôts, l'administration de la Caisse d'épargne voterait une gratification à répartir entre tous les employés, au marc le franc de chaque traitement fixe.

Cette gratification serait calculée en tenant compte du nombre des opérations et des livrets, du stock des dépôts, et de la situation financière de l'établissement.

On sait que nos Caisses d'épargne, en France, sont des établissements d'utilité publique, constitués par des sociétés privées ou par des communes, soumis à une législation spéciale et privilégiée, et autonomes, c'est-à-dire ayant leur existence propre. Elles s'administrent elles-mêmes. Sans doute, en réalité, elles ne sont que des agences administratives, intermédiaires entre les déposants, qui leur remettent ou retirent les épargnes, et l'État, dépositaire réel, qui centralise et fait valoir les épargnes déposées ; mais elles n'en ont pas moins de grands frais d'administration, dans ce service d'intermédiaire.

Pour couvrir ces frais, chaque Caisse d'épargne a des ressources propres, dont une partie, chez la plupart, comprend un fonds de dotation formé de dons, legs, etc., un fonds de réserve formé d'excédants annuels des recettes sur les dépenses, et quelques subventions des conseils généraux et municipaux ; mais la principale ressource est une retenue de 25 c. au moins, de 50 c. au plus (à Paris exceptionnellement, 75 c.), que chaque Caisse d'épargne s'attribue sur l'intérêt de 4 fr. pour 100 fr. de dépôts, servi par l'État, dépositaire du stock des épargnes. Cette retenue, dans le dernier exercice rapporté, a fourni aux Caisses d'épargne des ressources dont la somme d'ensemble s'élève à près de 2 millions de francs (1,993,470 fr.). Les frais d'administration ayant été de 2,106,429 fr., on peut donc bien dire que cette retenue constitue la ressource fondamentale des frais des Caisses d'épargne, et, par conséquent, des traitements des employés.

Pour chaque Caisse d'épargne, le produit de la retenue augmente exactement avec le stock des dépôts qui ont passé par ses guichets. Pourtant, le traitement des employés ne varie pas, d'ordinaire, quand le stock augmente. La bonification plus large qui arrive alors par la retenue va grossir le fonds de réserve spécial de l'établissement, et ce fonds de réserve se justifie comme mesure de prévoyance, pour couvrir certaines années peu productives, où la retenue, dont le taux reste et doit rester presque toujours le même, ne produirait pas la somme suffisante aux frais d'administration. Mais il y a là une question de tact administratif. Ne vaudrait-il pas mieux, dans certains cas, ménager aux employés une part de la bonification plus élevée de la retenue, tout en attribuant toujours quelque portion à la réserve? On susciterait ainsi plus de dévouement à l'œuvre, partant, plus de clients, plus de dépôts, et, par suite, bientôt après, un plus grand produit de la retenue. D'où l'année suivante, la possibilité de donner une gratification plus large aux employés, et de mettre une somme plus forte au fonds de réserve.

En déterminant la gratification, pour le supplément éventuel du traitement fixe de ses employés, la Caisse d'épargne ne devrait pas considérer uniquement le progrès du stock des dépôts, mais encore l'augmentation dans le nombre des livrets et même dans le nombre des opérations ; car il importe au but de l'institution que les employés ne fassent pas moins bon accueil aux petits déposants.

C'est ce qu'on a compris en Angleterre, en réglant la remise des agents de la Caisse postale sur le pied de 12 c. 1/2 par opération, sans égard à l'importance des dépôts ; et c'est dans cet esprit que le décret du 23 août 1875 a disposé que les agents financiers de l'État, utilisés comme auxiliaires des Caisses d'épargne, seraient rémunérés à raison de 10 c. par opération.

Toutefois, dans les combinaisons que je soumets à l'intérêt bien entendu de nos Caisses d'épargne et à la convenance spéciale de chacune de ces administrations, on pourrait mettre en ligne de compte les deux facteurs, puisque la ressource de nos Caisses d'épargne provient, d'après leur loi organique, d'un tant pour cent du stock des dépôts.

L'essentiel, c'est que les employés soient positivement intéressés aujourd'hui au développement et à l'amélioration des services de leur établissement.

L'important, c'est qu'ils s'étudient à simplifier les procédés; ce qui aurait pour double résultat de réduire les frais et d'attirer une plus large clientèle de déposants.

L'important, c'est qu'ils s'appliquent à favoriser la création de succursales par les perceptions et les recettes des postes, auxiliaires peu coûteux et qui feraient affluer au stock de la

Caisse d'épargne plus de clients et de dépôts, en mettant le bureau d'épargne mieux à la portée des populations, plus près des épargnants, et tous les jours.

L'important, enfin, c'est qu'ils fassent bon accueil aux Caisses d'épargne scolaires, qui peuvent sans doute, pendant les premiers temps, imposer à la Caisse d'épargne beaucoup de petites opérations peu productives, mais qui auront pour effet, dans un avenir prochain, d'accroître considérablement la clientèle des déposants adultes et les opérations fructueuses.

Après moins de deux ans d'efforts, nous comptons aujourd'hui déjà, dans 53 départements, plus de 2300 Caisses d'épargne scolaires, avec 155,000 élèves épargnants. Il est permis de prévoir que, dans un temps prochain, nous aurons conquis au culte de l'épargne plus d'un million d'écoliers, c'est-à-dire que nous aurons préparé aux Caisses d'épargne peut-être un million de clients adultes, et plus encore : car nous voyons déjà se produire autour de nos Caisses scolaires ce qui a été si largement constaté en Belgique depuis 1866, les écoliers épargnants réagissant sur leurs familles : par eux, la notion de l'économie s'introduit dans le foyer de braves gens qui connaissaient à peine de nom la Caisse d'épargne, et qui dès lors apprennent à la connaître en maniant le livret rapporté de l'école par leur enfant, en écoutant la leçon que l'instituteur a faite sur ce livret et que l'enfant récite le soir à ses parents. L'écolier devient ainsi l'apôtre de l'épargne dans les familles ouvrières, et un apôtre admirablement écouté.

Ainsi donc, tâchons que tous comprennent bien qu'ils ont intérêt à améliorer les services des Caisses d'épargne, à favoriser les Caisses d'épargne scolaires : les administrateurs des Caisses d'épargne, non-seulement parce que leur mission généreuse leur dicte ce devoir, mais parce qu'ils préparent ainsi à la fortune de leur établissement un accroissement de clients, de dépôts, de ressources, et les employés, parce qu'ils auront part à la plus-value de ces ressources.

Et nous pouvons ajouter que ces bons vouloirs des agents et employés de nos Caisses d'épargne de France seront bientôt secondés par la *Société des Institutions de prévoyance*, qui se propose, aux termes mêmes des statuts de sa fondation, d'encourager par des récompenses les personnes les mieux dévoués aux institutions de cette nature.

Rappelons, enfin, aux administrateurs des Caisses d'épargne que la réforme de leurs établissements dépend de leurs agents et employés ; et que si cette réforme ne s'accomplit pas, l'opinion publique, qui l'attend et vivement la sollicite, se détournera, déçue, des Caisses d'épargne locales actuelles, les déclarera impuissantes à satisfaire aux besoins du peuple, et demandera au pouvoir central de créer, comme en Angleterre (Act de 1861), comme en Belgique (1865), comme en Italie (1875), une Caisse d'épargne nationale.

A. de Malarce.

Décret du 23 août 1875.

Le Président de la République française,

Sur le rapport des ministres des finances et de l'agriculture et du commerce.

Décrète :

Art. 1er. — Les percepteurs des contributions directes et les receveurs des postes dont le concours aura été demandé par les administrations des Caisses d'épargne, pourront, sur l'avis conforme du ministre de l'agriculture et du commerce, être autorisés par le ministre des finances à recevoir les versements et à effectuer les remboursements pour le compte des Caisses d'épargne de leur département.

Art. 2. — Les Caisses d'épargne peuvent obtenir le concours, soit de tous les percepteurs et receveurs des postes du département, soit seulement d'un certain nombre de ces comptables, déterminé par la situation ou l'importance des localités.

Art. 3. — Les opérations s'effectuent, savoir :

1° Par les percepteurs :

Au siége de la résidence du comptable, tous les jours non fériés autres que ceux fixés par les règlements pour les tournées de recouvrement et de mutations, ou pour les versements à la recette des finances;

Dans les autres communes de la perception, les jours fixés pour les tournées réglementaires de recouvrements.

2° Par les receveurs des postes :

Dans les communes où il n'existe pas de percepteurs, tous les jours, au siége du bureau de poste;

Dans les communes où réside un percepteur, les jours où l'absence de ce comptable est autorisée par les règlements.

Les informations nécessaires à cet égard sont portées à la connaissance du public au moyen d'une affiche placardée dans les bureaux des percepteurs et des receveurs des postes.

Les comptables du Trésor n'ont pas à intervenir dans les villes et communes où les Caisses d'épargne ont leur siége principal ou possèdent une succursale permanente.

Art. 4. — Les percepteurs et receveurs des postes dont le concours aura été autorisé seront munis d'une commission spéciale émanée du conseil d'administration de la caisse d'épargne.

Cette commission devra être contresignée, pour autorisation, soit par le trésorier-payeur général, soit par le directeur des postes du département.

Art. 5. — Tout versement fait à un percepteur ou à un receveur des postes, pour le service des caisses d'épargne, donne lieu à la délivrance d'une quittance à souche. Les versements sont ultérieurement consignés par le caissier de la Caisse d'épargne sur le livret qui doit être déposé entre les mains des comptables du Trésor.

Les demandes de remboursement sont également accompagnées du livret correspondant. Un bulletin de dépôt en est remis à la partie.

Les livrets sont restitués au déposant en échange de la quittance à souche ou du bulletin de dépôt, dans les délais déterminés par le ministre des finances.

Les livrets qui n'auront pas été réclamés dans le mois qui suivra l'expiration des délais ci-dessus seront renvoyés au siége de la Caisse d'épargne, et il incombera aux ayants droit de les y faire retirer directement.

En cas de perte des quittances à souche ou bulletins de dépôt, il peut y être suppléé par une déclaration de perte formée par le déposant et visée par le maire de sa résidence. Les comptables du Trésor peuvent d'ailleurs exiger telles justifications que de droit en vue de sauvegarder leur responsabilité.

Art. 6. — Le concours des percepteurs et des receveurs des postes sera rémunéré au moyen d'une remise fixe de 10 centimes pour chacun des versements ou remboursements effectués par leurs soins, et cette remise sera à la charge des Caisses d'épargne.

Aucune rémunération n'est allouée aux receveurs des finances. Les receveurs principaux des postes n'ont droit à la remise de 10 centimes que pour les opérations accomplies à leur propre bureau.

Les états, bordereaux et autres formules imprimées nécessaires au service, à l'exception du journal à souche et des registres de comptabilité, seront fournis gratuitement aux comptables par les caisses d'épargne.

Art. 7. — Les receveurs des finances sont responsables, vis-à-vis des Caisses d'épargne, de la gestion des percepteurs de leur arrondissement, sauf leur recours, en cas de débet, sur le cautionnement de ces derniers comptables. En cas d'insuffisance du cautionnement des percepteurs et si le déficit provient de force majeure ou de circonstances indépendantes de la surveillance du receveur des finances, celui-ci peut obtenir la décharge de sa responsabilité, conformément à l'article 545 du décret du 31 mai 1862.

Le Trésor a la même responsabilité et le même recours contre les receveurs de l'administration des postes, à l'égard des opérations effectuées par eux.

Art. 8. — La demande formée par la Caisse d'épargne à l'effet d'obtenir le concours des percepteurs et des receveurs des postes emporte de plein droit adhésion, non-seulement aux conditions énoncées tant dans le présent décret que dans les arrêtés du ministre des finances en date de ce jour, mais encore aux décisions et mesures d'exécution qui pourraient être ultérieurement prises par le même ministre, sauf recours au conseil d'État.

Art. 9. — Les quittances de sommes déposées aux Caisses d'épargne, ainsi que les quittances de sommes remboursées aux déposants, sont exemptes de timbre.

Art. 10. — Le ministre des finances et le ministre de l'agriculture et du commerce sont chargés, chacun en ce qui le concerne, de l'exécution du présent décret, qui sera inséré au *Bulletin des lois* et au *Journal officiel.*

Fait à Paris, le 23 août 1875.

M[al] DE MAC-MAHON,
DUC DE MAGENTA.

Par le Président de la République ;
Le Ministre des finances,
LÉON SAY.

Le Ministre de l'agriculture et du commerce,
C. DE MEAUX.

Du décret du 23 août 1875 établissant le concours des Perceptions des contributions directes et des Recettes des postes comme auxiliaires des Caisses d'épargne.

En vertu de l'article 1er de ce décret, les percepteurs et les receveurs des postes dont le concours aura été demandé par les administrations des Caisses d'épargne pourront, sur l'avis conforme du ministre du commerce, être autorisés par le ministre des finances à recevoir les versements et les remboursements pour le compte de ces Caisses d'épargne. Et l'article 2 ajoute que les Caisses d'épargne peuvent obtenir ainsi, comme auxiliaires, soit toutes les perceptions et recettes des postes du département, soit seulement un certain nombre de ces agences financières, déterminé par la situation ou l'importance des localités.

Comme on le voit, c'est la traduction en décret de la disposition législative que l'Assemblée Nationale, au mois de mai dernier, avait tout d'abord agréée sans conteste par un vote unanime, mais qui parut ensuite en danger de se perdre dans un ajournement général de la loi, alors que les débats devenus très-vifs sur les autres articles de la loi proposée, menaçaient de n'aboutir à rien ; sur quoi, M. le ministre des finances, d'accord avec M. le ministre du commerce, intervint, avec autant de tact parlementaire que de sentiment de l'intérêt public, pour dégager l'amélioration principale, admise par par tous et sollicitée par l'opinion publique : il déclara que le gouvernement organiserait par décret les perceptions et les recettes des postes en succursales mises au service des Caisses d'épargne. Sur cette déclaration, la proposition de loi fut retirée avant le vote d'ensemble ; et par le décret du 23 août, le Gouvernement a tenu sa promesse, en donnant satisfaction à l'un des besoins les plus légitimes de nos populations ouvrières, à l'un des vœux les mieux motivés des promoteurs de l'épargne populaire.

Grâce au décret du 23 août 1875, qui marquera ainsi dans

l'histoire économique de la France, comme en Angleterre l'*Act* de 1861, ce progrès commence à se réaliser; déjà près de 300 perceptions ou recettes des postes ont été officiellement demandées comme auxiliaires par des Caisses d'épargne; ce qui d'abord étendra de 682 à près de 1,000 le nombre des succursales; et l'on peut prévoir des demandes plus nombreuses encore, à mesure que les administrateurs, et surtout leurs agents et employés, auront été amenés à comprendre et à calculer les avantages de cette combinaison pour la fortune même de leur établissement. Personne ne conteste, d'ailleurs, en face de l'expérience de l'Angleterre, les résultats considérables qu'une telle multiplication des bureaux d'épargne peut avoir pour le bien-être moral de nos familles ouvrières, qui sollicitent de toutes parts cette amélioration.

I

Ces vœux sont bien motivés en effet; car tandis qu'en Angleterre, sur un territoire moins étendu que le nôtre et dans une population moins nombreuse, les ouvriers économes ont aujourd'hui à leur service, à leur portée, près de 6,000 bureaux d'épargne, dont 5,400 sont des bureaux de postes ouverts tous les jours et à toute heure, en France la plus grande partie de nos populations ouvrières sont absolument privées de cette facilité pour leurs petites épargnes.

521 Caisses d'épargne et 658 succursales, soit 1,179 bureaux d'épargne, la plupart ouverts seulement un jour par semaine, voilà tout notre outillage en France pour sauver les épargnes naissantes du peuple. 40 chefs-lieux d'arrondissement, et 1,804 chefs-lieux de canton (sur 2,492), n'ont ni Caisse d'épargne ni succursale, sans parler d'un grand nombre de bourgs ruraux, lieux de marché hebdomadaire, qui sont des centres

importants pour les populations des campagnes et qui ont bien le droit de réclamer un service d'épargne comme on en voit dans les villes.

Et encore, dans les grandes villes même, nos ouvriers sont beaucoup moins bien servis que les ouvriers anglais. Le district de Londres, qui en population ne représente pas le double du département de la Seine, offre à ses ouvriers économes 568 bureaux de poste ouverts tous les jours et à toute heure, et organisés aussi bien pour rembourser que pour recevoir les dépôts d'épargne ; tandis que le département de la Seine a seulement 33 bureaux d'épargne, dont un seul, le bureau central, est ouvert tous les jours et seul effectue les remboursements ; les 32 autres bureaux ne sont succursales que pour recevoir les dépôts, mais ne remboursent pas.

On comprend que nous avons beaucoup à faire, soit que nous considérions l'infériorité d'organisation de la France en face de l'Angleterre, ou le défaut absolu de service d'épargne dans nos campagnes, ou même l'état incomplet de ce service dans nos grandes villes.

Il y a quatorze ans, le Royaume-Uni ne possédait encore que 638 Caisses d'épargne, et il ne comptait que 1,600,000 déposants (moins que la France avant la guerre de 1870) et 1 milliard 38 millions de francs de dépôts.

Aujourd'hui, grâce aux bureaux d'épargne établis, depuis l'*Act* de 1861, au moyen des bureaux de poste, dans toutes les parties du pays, dans tous les quartiers des villes, dans les centres ruraux, et ouverts tous les jours et toute la journée, on compte dans le Royaume-Uni 3,270,000 déposants, et près d'un milliard sept cent millions de francs de dépôts.

Et ce qui montre bien l'influence puissante de la multiplication des bureaux d'épargne par les Post Office ouverts tous les jours et dans toutes les localités, c'est que l'*Act* de 1861 qui a décrété cette nouvelle organisation, loin d'exciter le déposant par l'attrait d'un intérêt plus élevé, a réduit le taux de l'intérêt offert aux déposants : les Post Office Savings Banks n'offrent à leurs clients que 2.35 0/0, alors que les anciennes caisses offraient et offrent près de 3 0/0. Il a donc suffi de multiplier les bureaux d'épargne et d'étendre les facilités de dépôt et de retrait pour conquérir à la vertu de l'épargne, en quatorze ans, plus de 1 million 1/2 d'ouvriers, et sauver d'emploi mauvais ou stérile plus d'un demi-milliard de francs.

Eh bien ! en songeant à tout ce qu'il y a d'énergie laborieuse et féconde dans notre pays, nous croyons pouvoir dire aujourd'hui que, si les administrations de nos Caisses d'épargne savent utiliser comme succursales les précieuses agences financières que le décret du 23 août 1875 met à leur disposition, nous réussirons chez nous, comme on a réussi en Angleterre, à sauver de l'imprévoyance, du gaspillage, de la débauche, ou des placements aventureux, des milliers de braves ouvriers, qui pour ne point faire mal et pour bien faire, n'ont besoin que d'un peu d'aide, n'ont besoin que de l'occasion prochaine d'abriter leurs épargnes naissantes, n'ont besoin que de trouver ouvert à leur portée, dans le voisinage, à toute heure, un bureau de Caisse d'épargne.

Oui, nous ne craignons pas d'avancer que si nos administrations de Caisses d'épargne comprennent leur rôle de bienfaisance et leur devoir, la France, avant dix ans, comptera plus de 3 millions de déposants au lieu de 2 millions ; et au lieu de 600 millions de francs de dépôts, 1 milliard.

Ce que les Anglais ont pu faire dans ces dernières années, nous le ferons ; et c'est aussi en ce moment la prétention des Italiens, dont le Parlement vient de voter, le 27 mai 1875, une loi qui organise dans toutes les parties de l'Italie des bureaux d'épargne par les agences des postes.

Oui, nous obtiendrons en quelques années les grands résultats d'amélioration nationale dont les Anglais se félicitent de par l'*Act* de 1861.

II

Toutefois, il est important d'indiquer ici que nos moyens d'action diffèrent, en un point, des moyens employés par les hommes d'Etat d'Angleterre et d'Italie.

Par l'*Act* du 17 mai 1861, le Parlement anglais a institué une Caisse d'épargne officielle rayonnant sur tout le territoire britannique par des agences de l'Etat, par des bureaux de poste, et dirigée par un ministre de la reine, le *Post Master general*, dont ce département administratif des Post Office Savings Banks forme aujourd'hui l'une des principales attributions. Ce grand service public des Post Office Savings Banks absorbe d'année en année les anciennes Caisses d'épargne privées, dont les meilleures ont sans doute conservé leur importance, mais qui, du nombre de 630 en 1861, se sont réduites aujourd'hui au nombre de 476.

La loi italienne de 1875 a organisé le même système : une Caisse d'Etat, agissant par les bureaux de poste et dirigée par le directeur général de la Caisse des dépôts et consignations; les anciennes Caisses d'épargne continuent leur œuvre, tout autant que les facilités de leurs procédés et leur bonne organisation satisferont les déposants.

Le décret du 23 août 1875, conforme à la pensée de l'Assemblée Nationale, a tracé au progrès une autre voie : il offre l'auxiliaire des Perceptions et des Postes aux administrations des Caisses d'épargne, qui restent libres de demander, ces agences comme succursales; dans tous les cas, d'ailleurs, qu'elles se dotent ou non de ces auxiliaires, leur autonomie est respectée. D'où il suit que les effets bienfaisants du décret du 23 août 1875 dépendront surtout de la volonté plus ou moins intelligente des administrateurs des Caisses d'épargne.

Eh bien! malgré cette combinaison, qui semble moins propre à une impulsion énergique et qui livre les choses presque au hasard, au bon vouloir de 521 administrations particulières, nous pensons que le progrès se réalisera chez nous aussi bien qu'en Angleterre et en Italie, parce que nous avons confiance dans le dévouement public des administrateurs des Caisses d'épargne, comme dans leur bon sens, éclairé par leur intérêt bien entendu.

Ces administrateurs se préoccupent aussi de bien administrer, d'administrer aux moindres frais possibles, parce que ce sont les ouvriers déposants qui paient ces frais, retenus par chaque Caisse d'épargne sur l'intérêt de 4 0/0 que sert l'État aux dépôts; et ils calculeront que la remise de 10 centimes par opération, qu'ils paieront aux percepteurs ou aux receveurs des postes, leur coûtera bien moins que l'entretien d'une succursale ordinaire; que cette succursale à bon marché, par les perceptions et les postes, ne les exposera pas à la responsabilité, parfois très-grave, d'une succursale ordinaire; enfin que cette succursale économique et garantie tiendra bureau ouvert tous les jours et toute la journée, et fera affluer ainsi puissamment les dépôts au fonds de la Caisse d'épargne, dont la situation administrative se trouvera améliorée et grandie.

En outre, à côté de toutes ces considérations s'élèvera celle-ci : nos populations ouvrières déshéritées de bureaux d'épargne dans certains quartiers de nos villes et dans presque toutes nos campagnes, attendent avec impatience que cette inégale répartition des services publics de l'épargne soit corrigée. On peut dire de cette réforme qu'elle est dictée par l'opinion publique. Or, si quelques administrations des Caisses d'épargne, par indifférence ou autrement, ne profitaient pas du décret du 23 août 1875 et négligeaient l'intérêt légitime des populations ouvrières de leur région, sans souci des vœux ni des plaintes, on verrait se produire un certain courant d'opinion, qui déjà s'est manifesté dans plusieurs pays du continent d'Europe, et qui demanderait bientôt hautement en France qu'on supplée à ces administrations, par trop particulières, au moyen d'une institution nationale, d'une Caisse d'État, à l'exemple de l'Angleterre, de la Belgique et de l'Italie.

Mais, encore une fois, nous avons confiance dans ces hommes de bien qui gratuitement apportent à nos Caisses d'épargne françaises un dévouement traditionnel; ils se rappelleront que leurs prédécesseurs, il y a un demi-siècle, en important en France les Savings Banks d'Angleterre, ont prouvé excellemment qu'en France même il était possible de faire quelque grande œuvre d'utilité publique par la libre initiative des particuliers, et ils se garderont de donner à penser et à dire qu'aujourd'hui le progrès ne se fait plus par les efforts volontaires des meilleurs citoyens, mais qu'il a besoin d'une volonté dominante et absolue qui l'impose. Ils accueilleront donc avec empressement l'occasion si avantageuse à tous égards que le gouvernement leur offre d'étendre leurs services, et par là, de bien mériter du pays; et quand ils auront ainsi utilisé les facilités aujourd'hui offertes, ils en demanderont de plus larges encore.

Le Gouvernement semble avoir pleine confiance dans l'intelligence et le bon vouloir des administrations des Caisses d'épargne, car on dirait qu'il a prévu plutôt leur zèle que leur froideur. En effet, en établissant le concours de ses agents financiers, il a pris soin de limiter d'abord ce concours, d'aménager le progrès, et il a restreint la première expérience de cette combinaison administrative aux localités tout à fait déshéritées aujourd'hui de bureaux d'épargne, aux communes rurales, comme nous l'expliquerons en poursuivant ce commentaire du décret du 23 août.

III

Par le décret du 23 août 1875, qui établit le concours des perceptions et des recettes des postes comme auxiliaire des Caisses d'épargne, le Gouvernement a importé en France un principe excellent : utiliser pour le service des Caisses d'épargnes certaines agences financières de l'Etat qui ont déjà des rapports quotidiens avec le public pour des transmissions d'argent : agences répandues dans presque tous les centres de population de notre pays, — qui jouissent, par leur organisation régulière et ancienne, d'une confiance éprouvée, — et enfin, qui peuvent à très-peu de frais remplir cette tâche, accessoire d'une autre fonction principale déjà couverte de ses frais généraux.

Nous savons, par l'Angleterre, comment ce principe bien appliqué peut être fécond et véritablement économique, comment on a pu ainsi organiser partout dans le Royaume-Uni les bureaux d'épargne les plus nombreux, les plus faciles d'accès et de procédé, et les plus sûrs d'opération qui soient au monde, et cela, avec une dépense d'administration dont la proportion au stock des dépôts s'amoindrit d'année en année, malgré la multiplication continue des bureaux et le morcellement des opérations.

Mais il importe que ce principe soit bien appliqué, c'est-à-dire que le mécanisme de comptabilité se manœuvre aisément et sûrement. Il nous convenait donc de procéder par degrés, de ne pas précipiter le progrès, de l'aménager en faisant d'abord l'expérience sur un certain nombre de points du pays ; et l'on a commencé avec raison par les localités rurales, qui sont aujourd'hui absolument déshéritées de bureaux d'épargne.

Les comptables du Trésor (les percepteurs et les receveurs des postes) n'ont pas à intervenir, dit l'article 3 du décret, dans les villes et communes où les Caisses d'épargne ont leur siége principal ou possèdent une succursale permanente.

Assurément, ces villes et ces communes, exclues pour le moment, auraient droit et raison de faire valoir que les perceptions et les recettes des postes seraient aussi très utiles à leurs ouvriers économes ; que les succursales pourraient être doublées et triplées par le concours de ces agences, ce qui est considérable pour les grandes villes très-étendues ; que les succursales actuelles ne sont ouvertes qu'une fois par semaine, tandis que ces agences seraient ouvertes tous les jours ; que les succursales actuelles pour la plupart ne font que recevoir les dépôts, mais ne remboursent pas, et obligent les ouvriers, pour le remboursement, à faire deux voyages à la Caisse centrale, c'est-à-dire quelquefois à perdre deux demi-journées, tandis que ces agences rembourseraient avec autant de commodité qu'elles recevraient.

Tout cela est vrai, et nous ne doutons pas que l'amélioration dont on vient de gratifier aujourd'hui les campagnes ne soit aussi accordée aux villes plus tard, quand on aura suffisamment expérimenté la combinaison nouvelle. Pour le moment, nous devons croire qu'on a bien fait, en administrateurs sages, de n'exécuter d'abord que par partie l'article 1er de la loi proposée par la commission parlementaire ; plus tard, avec une expérience assurée, on exécutera sans restriction cet article, unanimement voté par l'Assemblée nationale, et qui donnait à toutes les Caisses d'épargne de France indistinctement la faculté de demander le concours des percepteurs et des receveurs des postes.

Avec le temps aussi, nous l'espérons, on pourra disposer plus largement certaines mesures d'organisation, aujourd'hui un peu trop étroites : ainsi, par exemple, le décret du 23 août n'a pas voulu que les perceptions des contributions directes et les recettes des postes agissent concurremment : les percepteurs géreront au siége de leur résidence, tous les jours non fériés, quand ils résident, et dans les autres communes de leur perception, les jours fixés pour les journées réglementaires de recouvrements ; les receveurs des postes, qui sont à bureau fixe, opéront tous les jours dans les communes où ne réside pas de percepteur, et, dans les communes où réside un percepteur, les jours où l'absence du percepteur est autorisée par les règlemens. Le public sera informé de ces dispositions alternatives par des affiches placardées dans les bureaux des percepteurs et des receveurs des postes. Il nous paraîtrait utile que ces affiches fussent aussi apposées à la porte des mairies, surtout dans les premiers temps, où les ouvriers des campagnes pourraient bien ignorer jusqu'à l'existence de ce nouveau service public.

Mais cette division du service à tour de rôle nous semble destinée à disparaître tôt ou tard, par la force des choses, qui est le grand auxilliaire des bonnes réformes commencées.

Une fois que le mécanisme est organisé dans une recette des postes pour servir d'auxiliaire aux Caisses d'épargne, pourquoi le rendre intermittent ? pourquoi ne pas l'utiliser tous les jours, et surtout les jours de marché, où le bureau de la perception est souvent encombré de contribuables ?

IV

Chaque Caisse d'épargne n'aura à payer au percepteur ou au receveur des postes opérant pour son compte qu'une rémunération fixe de 10 c. par opération, c'est-à-dire par versement ou remboursement effectué par leurs soins. Elle ne sera tenue de fournir à ces comptables que les états, bordereaux et autres formules indiquées nécessaires au service, mais non pas le journal à souche et les registres de comptabilité ; les administrations des finances et des postes prennent cette dernière dépense à leur charge.

La remise de 10 centimes est fort modique et ne peut qu'encourager les Caisses d'épargne à utiliser un service si peu coûteux pour elles, et même si profitable.

En effet, pour les dépôts encaissés à son compte par les agents financiers, la Caisse d'épargne profitera de la retenue de tant pour cent que la loi l'autorise à s'attribuer pour ses frais administratifs sur tout dépôt fait à ses guichets ou dans ses succursales; et l'auxiliaire des agents financiers ne lui coûtera que 10 centimes par opération.

On peut apprécier ce que cette rémunération de 10 centimes par opération représentera par rapport à la retenue dont profitera la Caisse d'épargne sur le produit du dépôt; prenons pour base les données officielles des Rapports annuels du Ministre du Commerce.

La somme moyenne des versements est de 131 francs pour toute la France : elle est supérieure à ce chiffre dans 71 départements, où elle varie de 131 fr. à 202 fr. Et dans 15 départements, elle varie de 101 fr. à 130 fr., — sauf le département de la Seine, qui est dans des conditions toutes particulières et dont la Caisse d'épargne devrait, à mon avis, recevoir une organisation exceptionnelle, comme la plupart des autres services administratifs de ce département (Assistance publique, service des incendies, voirie, etc.).

Ainsi, dans 71 départements, le versement moyen est supérieur à 131 francs.

Dans les Caisses d'épargne de ces départements, la retenue pour les frais administratifs est de 25 centimes à 50 centimes p. 100; admettons-la seulement pour 25 centimes p. 100 : chaque versement procure donc, en moyenne, à la Caisse d'épargne une ressource de 0 fr. 32 c. 80 par an. Mais nous voyons, par les tableaux du mouvement des dépôts et des retraits, que de 1852 à 1869, les sommes versées restent en dépôt pendant deux ans et demi; c'est-à-dire, que le versement moyen de 131 francs procure à la Caisse d'épargne une ressource de 0 fr. 82 c.

Or, pour les opérations relatives à ce dépôt, et effectuées par les soins des agents financiers, quelle rémunération aura à payer la Caisse d'épargne? Dix centimes pour l'opération du versement, d'abord; et ensuite, pour l'opération du remboursement, bien moins de dix centimes, environ cinq centimes et demi; car les statistiques officielles nous montrent que la somme moyenne des remboursements est de 233 francs, c'est-à-dire qu'un remboursement porte à peu près sur deux versements.

Ainsi, dans 71 départements, la Caisse d'épargne bénéficiera en moyenne de 82 centimes, retenue sur laquelle elle n'aura à payer que 15 centimes et demi, pour la rémunération des agents financiers qui auront opéré pour son compte, c'est-à-dire qui auront effectué une forte partie du travail administratif de la Caisse d'épargne.

Dans les 15 autres départements, où la moyenne somme des versements varie de 101 francs à 130 francs, le bénéfice sera un peu moindre; néanmoins dans le département où la moyenne des versements est la plus faible, la retenue produira 63 centimes, bien suffisante pour payer la rémunération de 15 c. 1/2.

Sans doute, il faut considérer que la multiplication des bureaux d'épargne par les agences financières, et la facilité offerte aux déposants par ces bureaux auxiliaires ouverts tous les jours et toute la journée, détermineront des versements plus fréquents et, par conséquent, moins élevés en somme.

Cela est d'autant plus vrai, que ce morcellement des dépôts est un des buts que se propose la réforme, dans l'intérêt public.

Mais on voit, d'après ce que nous venons d'exposer, que la somme du versement moyen pourra s'abaisser dans une mesure assez grande, en laissant encore à la caisse d'épargne un profit suffisant.

Le versement moyen, fût-il réduit de moitié, au lieu de 131 francs (ce qui est une supposition excessive), la Caisse d'épargne y trouverait encore son compte, sans parler du service rendu ainsi au public.

Nous invitons chaque Caisse d'épargne à faire son calcul sur les données spéciales de ses propres statistiques, et nous ne doutons pas, que, sauf dans quelques situations tout à fait exceptionnelles, et qui appellent une réforme, elle ne soit amenée à reconnaître que le décret du 23 août lui offre des auxiliaires peu coûteux, et fructueux même par l'extension de clientèle que ces nouveaux agents doivent déterminer.

C'est ainsi, par exemple, que la Caisse d'épargne de Nantes, l'une des mieux administrées de France, a constaté qu'avec sa minime retenue de 25 c., elle aurait un boni de 80 c. après avoir payé la rémunération de l'agent financier son auxiliaire.

Aussi bien s'est-elle empressée de demander aux Ministères des finances et du commerce le concours de 14 perceptions et de 17 recettes des postes, qui vont opérer pour son compte dans l'arrondissement de Nantes. Par là sera facilitée son œuvre des Caisses d'épargne scolaires, qui compte déjà 58 écoles, 1,800 écoliers parvenus au grand livret, et 15.000 fr. épargnés. Par là encore sera favorisée l'organisation des *Bureaux d'Epargne* que la Direction générale des Manufactures de l'État, la Direction de la Comptabilité générale de la Marine et la Caisse d'épargne de Nantes préparent, de concert avec nous, dans cette région.

On peut dire, il est vrai, que ces services d'épargne, plus nombreux, plus faciles d'accès, ouverts tous les jours et toute la journée, rendront les versements plus fréquents, et, par suite, moins forts en valeur.

Ce morcellement des dépôts est un bienfait public ; car le but de la Caisse d'épargne est d'offrir un asile aux épargnes dès qu'elles naissent, avant que la tentation du gaspillage n'ait eu le temps d'agir. Il faut donc le souhaiter ; et l'on peut calculer que ce morcellement peut se faire dans une assez large mesure, sans que la Caisse d'épargne manque de ressources pour couvrir ses frais et rémunérer ses auxiliaires.

Mais si ce morcellement se produit par les versements plus fréquents de certains clients, l'effet pourra être compensé d'autre part, et voici comment, c'est l'expérience qui parle :

En Belgique, lorsque la Caisse d'épargne nationale, après la loi de 1865, eut établi des bureaux d'épargne dans les villes au moyen de succursales ordinaires et de succursales de la Banque nationale de Belgique, on voulut étendre encore ce réseau bienfaisant, et, à partir de 1870, on organisa un certain nombre de bureaux de poste en auxiliaires de la Caisse d'épargne, d'abord dans les villes, mais progressivement dans les centres ruraux que l'on n'avait pu doter encore de bureaux d'épargne.

Eh bien ! voici les résultats :

En 1870, les bureaux de poste reçoivent 1,163,000 francs en 14,389 versements ; moyenne de versement : 80 francs.

En 1874, 3,810,000 francs en 35,061 versements ; moyenne du versement : 100 francs.

Ainsi la somme moyenne du versement grossit de 80 fr. à 100 fr. ; c'est qu'en établissant, par les postes, des bureaux d'épargne dans les campagnes, on a attiré la clientèle des paysans, qui d'ordinaire font leurs épargnes comme ils réalisent leurs produits, c'est-à-dire par sommes assez fortes. Les habitudes de nos paysans sont assez semblables, et cela nous permet de penser qu'en établissant des succursales dans les campagnes par les perceptions et les postes, les Caisses d'épargne verront aussi arriver des versements importants, assez importants pour compenser des versements morcelés d'autre part ; et au total, nos Caisses d'épargne trouveront leur compte à la combinaison, outre la sécurité que leur présentent ces auxiliaires si bien garantis, et sans parler de l'intérêt populaire qu'elles doivent tout naturellement avoir à cœur de servir.

Autre avantage, non moins digne d'être apprécié des administrateurs des Caisses d'épargne : la combinaison offerte par le décret du 23 août les exonère d'une grande responsabilité dont elles sont grevées dans leurs succursales ordinaires.

D'après l'article 7 du décret du 23 août, en effet, les receveurs des finances sont responsables vis-à-vis des Caisses d'épargnes de la gestion des percepteurs de leur arrondissement, sauf leur recours, en cas de débet, sur le cautionnement de ces percepteurs. En cas d'insuffisance du cautionnement des percepteurs, et si le déficit provient de force majeure ou de circonstances indépendantes de la surveillance des receveurs des finances, celui-ci peut obtenir la décharge de sa responsabilité qui incombe alors au Trésor (conformément à l'article 51 du décret du 31 mai 1862).

Le Trésor a la même responsabilité et le même recours contre les receveurs de l'administration des postes à l'égard des opérations effectuées par eux.

En d'autres termes, l'État se reconnaît ainsi responsable du dépôt depuis l'instant où le déposant a remis son argent entre les mains du percepteur ou du receveur des postes, jusqu'au moment où le déposant ou son ayant droit a retiré son argent par les soins de ces agents de l'Etat.

Pour l'Etat cette responsabilité pèse peu ; car le système de contrôle, de surveillance, d'inspection et de garanties réelles organisé dans nos administrations financières de l'Etat exclut à peu près tout risque de perte pour le Trésor.

Pour les administrateurs des Caisses d'épargne, la responsabilité de l'Etat sera appréciée comme un très-grand avantage; car là ils n'auront plus tant à s'inquiéter d'une surveillance pénible, difficile, comme ils en ont charge morale, et parfois même positive, dans leurs succursales ordinaires.

Et pour les déposants, ce contrôle continu, cette responsabilité entière de l'État leur donne la sécurité qu'on peut nommer par excellence de tout repos.

L'argent remis par tout déposant à un percepteur ou receveur des postes passera directement par la recette des finances pour aller se remiser et prendre emploi à la Caisse des dépôts et consignations; d'où il reviendra par la même voie directe, lors du remboursement demandé par le déposant, qui le recevra du percepteur ou du receveur des postes. Les relations avec la Caisse d'épargne se traiteront par simples écritures.

Ainsi, nous avions bien raison de dire que la sécurité du déposant est au plus haut degré possible. Le contrôle et la garantie de l'Etat ne cessent pas une minute pendant la durée du dépôt.

V

Plaçons ici une observation de principe sur le mode de rémunération des agents financiers, sur la remise fixe de 10 centimes par opération.

En Angleterre, cette remise est 12 c. 1/2 (autrement dit, 5 liv. st. par 1,000 opérations, ou 1 sh. par 10 opérations). A l création du Post Office Saving Bank, on avait d'abord disposé que les post masters recevraient un demi-penny par opération, plus 1 sh. par 100 liv. st. de dépôts effectués. Mais on considéra que ce mode de rémunérer les post masters locaux, étant basé en grande partie sur l'importance des sommes déposées, tendrait à engager les post masters à faire moins bon accueil aux petits déposants : ce qui serait contraire à l'esprit de l'institution, créée surtout pour attirer les ouvriers les moins fortunés, les petits épargnants. En conséquence, on décida que la rémunération serait basée uniquement sur le nombre des transactions, versements ou retraits, sans s'occuper de l'importance des sommes déposées. Tel est le mode que nous venons d'adopter en France, et dont la pensée pourrait se formuler dans ce beau précepte à inscrire sur la porte de tout bureau d'épargne : *Laissez venir à nous les petits épargnants !* C'est le principe capital de l'institution des Caisses d'épargne.

C'est ce principe qui a inspiré M. Gladstone en 1861 lorsqu'il résolut de multiplier les bureaux d'épargne dans tous les quartiers des villes, dans tous les bourgs et villages des campagnes C'est ce principe qui a constamment guidé le Post Office et la Trésorerie d'Angleterre, depuis quatorze ans, sous les ministères conservateurs de lord Derby et de M. Disraeli, de 1866 à 1868 et depuis 1874, aussi bien que sous les ministères libéraux de lord Palmerston et de lord Russell de 1857 à 1866, et de M. Gladstone de 1868 à 1874. C'est ce principe qui a conduit le Post Office à favoriser les Penny Banks et les School Penny Banks (Caisses d'épargne scolaires), en offrant aux *trustees* de *Penny Banks* et aux directeurs d'écoles des facilités spéciales pour leurs relations avec les Post Office Saving Banks. C'est ce principe enfin qui, dans ces derniers temps, faisait accueillir par le post master général les vœux de la *Provident knowledge Society,* demandant une multiplication plus large encore des services d'épargne, et l'abaissement de la limite inférieure du dépôt de 1 shilling à 6 pence (de 1 fr. 25 à 60 c.)

Et c'est ainsi, par cette esprit de suite dans la même voie de progrès, par cette continuité d'efforts des hommes d'Etat les plus divers d'ailleurs en politique, c'est ainsi que l'institution des Caisses d'épargne en Angleterre a étendu partout ses racines, et plongé ses radicelles jusque dans les couches les plus profondes de la société, pour ne laisser perdre aucune parcelle du capital naissant, pour faire monter dans la circulation toutes les épargnes du pays, pour donner toute la puissance possible à cette sève de la richesse nationale, pour associer à la vie, à l'œuvre féconde d'une société laborieuse et prévoyante, tous les membres de la nation, depuis le plus gagnant jusqu'au gagne-petit, jusqu'au moindre travailleur qui apporte son sou d'épargne au Penny Bank, jusqu'à l'enfant qui s'essaie dans la Caisse d'épargne scolaire, par quelque facile privation, à l'exercice de la vie d'honnête homme, de citoyen *self-supporting*.

Qu'il me suffise aujourd'hui d'avoir signalé, dans un point de la législation anglaise des Caisses d'épargne, l'esprit de haute et généreuse politique qui toujours domine chez nos voisins : ce qui peut être de salutaire exemple pour nous. Revenons au décret sur nos Caisses d'épargne, reflet partiel, mais pourtant fidèle, d'une des meilleures institutions nationales de l'Angleterre.

Le taux de la prime de 10 c. allouée aux agents financiers sera un peu inférieur au taux des post masters; mais l'argent a moins de valeur en Angleterre que chez nous. Et peut-être aussi a-t-on cédé à cette considération, fréquente dans les fixations de tarif, que la somme de 10 c. forme un compte rond et très-commode pour les calculs. En Angleterre, le shilling par 10 transactions, et la livre sterling par 1,000, n'ont pas d'autre raison d'être.

Les percepteurs et les receveurs des postes accueilleront sans doute avec plaisir ce nouveau service; car, s'il leur apporte un certain surcroît de travail, il leur procure en compensation un accroissement proportionnel de revenu, et ce revenu supplémentaire pourra devenir considérable dans ces bureaux d'épargne ouverts tous les jours.

VI

Deux mesures importantes étaient à régler dans cette nouvelle organisation : les rapports du service des finances et du service des postes avec les administrations des Caisses d'épargne, et le contrôle spécial des opérations des percepteurs et des receveurs des postes. Sur les propositions de M. le directeur général de la comptabilité publique et de M. le directeur général des postes, deux arrêtés ministériels ont donné, pour l'exécution du décret, des solutions fort bien conçues. L'expérience, d'ailleurs, sera maintenant le bon guide pour améliorer ce service en le simplifiant de mieux en mieux. En cette affaire, la sollicitude du Gouvernement et de l'Administration ne se démentira pas.

Le Gouvernement et l'Administration viennent de montrer en effet, par le décret et les arrêtés du 23 août, combien ils apprécient le grand intérêt public, l'intérêt national de cette institution; et nous en voyons encore la preuve dans l'article qui termine comme par un trait de bienveillance le décret du 23 août : cet article déclare exemptes du timbre les quittances des sommes déposées aux Caisses d'épargne, ainsi que les quittances des sommes remboursées aux déposants.

C'était une très-vieille querelle entre le fisc et les Caisses d'épargne, et qui datait de quarante ans, que la question de savoir si la loi du 5 juin 1835, la première loi organique des Caisses d'épargne, avait compris dans l'exemption de droit de timbre, avec les registres et livrets à l'usage des Caisses d'épargne, les quittances par actes séparés. Par une tolérance de l'Administration, ces quittances s'exemptaient du droit et se délivraient sur papier non timbré. M. le ministre des finances vient de faire trancher la question, par le décret du 23 août, et dans le sens indiqué par la tolérance traditionnelle; ce qui, du reste, était aujourd'hui nécessaire pour rendre possibles les opérations des percepteurs et receveurs des postes : car tout dépôt donnera lieu à la délivrance immédiate d'une quittance détachée d'un livre à souche de comptable, et tout retrait, à une quittance apposée par le payé sur sa demande de remboursement.

Enfin, pour terminer cette analyse d'un acte où l'intelligence du bien est aussi marquée que la sympathie pour nos populations ouvrières, ajoutons que l'administration supérieure des finances semble, par l'article 2 des arrêtés ministériels, inviter les Caisses d'épargne à accueillir les directeurs d'école pour les opérations des Caisses d'épargne scolaires, et c'est ce qu'affirment plus encore les circulaires, mentionnées ci-après, du directeur général de la comptabilité publique et du directeur général des postes, qui ménagent des facilités spéciales aux Caisses d'épargne scolaires; ce qui répond aux vœux de bien des ouvriers chefs de famille, à l'attente de beaucoup d'instituteurs, et à la pensée de nombreux conseils généraux qui viennent de témoigner leur intérêt pour les Caisses d'épargne scolaires dans la session du mois d'août dernier, mois qui fera date heureuse dans l'histoire des Caisses d'épargne de France.

A. de Malarce.

Arrêtés ministériels rendus en exécution du décret du 23 août 1875.

Deux arrêtés du ministre des Finances, en date du 23 août 1875, rendus l'un sur la poposition du Directeur général de la Comptabilité publique, et l'autre du Directeur général des postes, ont réglé les mesures d'exécution du décret du 23 août.

Circulaires aux Trésoriers Généraux et aux Directeurs des postes pour faciliter les Caisses d'épargne scolaires.

Une circulaire, en date du 1er octobre 1875, adressée à MM. les Trésoriers-payeurs généraux et Receveurs des finances, par le Directeur général de la comptabilité publique, M. le conseiller d'État Fr. de Roussy, a réglé les mesures destinées à faciliter le développement et le fonctionnement des Caisses d'épargne scolaires.

Après avoir signalé le caractère d'initiative libre et de dévouement volontaire des Caisses d'épargne scolaires, et indiqué le système d'opération des instituteurs, conforme aux dispositions formulées dans le *Manuel des Caisses d'épargne scolaires*, la circulaire fait connaître que, d'accord avec les Ministères de l'intérieur et de l'agriculture et du commerce, le Ministère des finances a décidé « que les fonds destinés à la « fourniture des imprimés nécessaires au service des Caisses « d'épargne scolaires, et votés par les conseils généraux, « les communes, des associations ou même des particuliers, « pourraient être centralisés dans les écritures des trésoriers « généraux, à l'instar des cotisations municipales et particu- « lières. Les Receveurs des finances ouvriront à cet effet dans « la nomenclature des cotisations un paragraphe qui sera inti- « tulé : *Fonds destinés à la fourniture des imprimés des*

« *Caisses d'épargne scolaires*. Les fonds ainsi centralisés
« seront mandatés par le préfet au profit soit des fournisseurs,
« soit des personnes autorisées par les conseils généraux ou
« municipaux à retirer les fonds.

« D'un autre côté, la circulaire du 25 août dernier, relative
« à l'intervention des percepteurs dans le service des Caisses
« d'épargne, n'ayant pas prévu les versements des Caisses
« d'épargne scolaires, il a paru convenable de comprendre les
« instituteurs et autres intermédiaires parmi les personnes au-
« torisées à déposer des fonds aux caisses des percepteurs.
« Dans le cas de premier versement, les demandes de livret
« seront libellées : Je, soussigné, agissant pour le compte de
« l'élève ci-après désigné (nom, prénoms, etc., etc.) ; — et
« l'instituteur signera autant de demandes de livrets qu'il y
« aura d'élèves; mais le percepteur ne délivrera qu'une
« seule quittance à souche pour l'ensemble des sommes ver-
« sées par le même instituteur. Les versements ultérieurs
« effectués sur la présentation des livrets ne feront également
« l'objet que d'une seule quittance, sauf à indiquer dans le
« bordereau nominatif la somme afférente à chacun des élèves.
« — Pour les retraits de fonds, totaux ou partiels, relatifs aux
« déposants des Caisses d'épargne scolaires, le percepteur
« délivrera un bulletin collectif de retrait ; et les demandes de
« remboursement seront désignées par l'instituteur et l'élève
« titulaire du livret, mais la quittance devra être donnée par
« le représentant de l'enfant, c'est-à-dire par ses père, mère
« ou tuteur.

« Enfin la remise de 10 centimes revenant aux percepteurs
« pour les opérations des Caisses d'épargne ne sera pas cal-
« culée en raison du nombre d'élèves auxquels s'appliquent
« les sommes versées ou remboursées, mais les comptables
« n'auront droit à ladite remise que pour chacun des verse-
« ments *collectifs* faits par l'instituteur ou par chacun des
« retraits *collectifs* de fonds demandés par lui. »

— Une circulaire, conçue dans le même esprit, a été adressée à ses agents par M. le Directeur général des Postes.

Rapport de M. Hippolyte Passy à l'Académie des sciences morales et politiques, sur le Manuel des Caisses d'épargne scolaires.

(D'après le compte rendu du *Journal officiel*.)

A la séance du 12 février dernier, de l'Académie des Sciences morales et politiques, M. Hippolyte Passy a présenté la cinquième édition de l'ouvrage de M. de Malarce sur les Caisses d'épargne scolaires.

Le savant académicien a rappelé, avec un sentiment patriotique, que l'idée des Caisses d'épargne scolaires était une idée française, conçue et mise en œuvre par des essais isolés en deux ou trois localités de notre pays, il y a une quarantaine d'années; mais que cette institution a reçu récemment une forme très-ingénieuse, à la fois simple de mécanisme et sûre d'opération, et que par suite, elle a pris un grand développement, en Angleterre et en Belgique.

C'est de là que M. de Malarce l'a pour ainsi dire réimportée chez nous à la suite d'une mission dont il avait été chargé, sur sa demande, par le Ministère du commerce en 1874.

Grâce au concours d'un grand nombre d'administrateurs et d'instituteurs, et à l'appui des ministères du commerce, des finances et de l'instruction publique, il est parvenu, agissant par voie de libre initiative et faisant appel à des dévouements tout à fait volontaires, à déterminer déjà la fondation en France, de plus de quinze cents caisses d'épargne scolaires, toutes dirigées par des hommes de franche bonne volonté, et qui toutes par cela même fonctionnent à souhait; elles montrent déjà des résultats moraux considérables : cent vingt mille écoliers de plus sont ainsi formés par cette éducation économique pratique.

En outre, les caisses d'épargne scolaires commencent à s'introduire dans les ateliers et les manufactures, pour les apprentis, en connexion avec les penny-banks pour les adultes ; et en ce moment la Direction générale des manufactures de l'Etat, la Direction de la Comptabilité générale de la Marine, la Direction des Colonies, et quelques autres grandes administrations publiques préparent, de concert avec M. de Malarce, cette amélioration pour les ateliers dépendants de leurs services ou régies.

M. Hippolyte Passy, avec la portée de vue de l'homme d'État de vieille expérience, a fait ressortir cette observation : qu'il est bien difficile, et parfois impossible, de modifier les habitudes des ouvriers adultes, et de convertir à l'esprit de prévoyance, à la pratique de l'économie, des hommes déjà déformés par d'autres mœurs; mais que l'habitude de l'ordre, de la sobriété, de l'économie, inculquée à l'enfant sur les bancs de l'école, est le moyen le plus efficace de préparer des générations nouvelles considérablement améliorées dans leur état moral et matériel.

Il faut donc, a dit M. Passy en terminant son rapport à l'Académie, féliciter M. de Malarce du succès de ses efforts, et l'engager à poursuivre une œuvre qui deviendra de plus en plus féconde pour le progrès du bien public et aussi du bien privé.

Vœu en faveur des Caisses d'épargne scolaires émis par le Congrès des Agriculteurs de France.

(*Extrait du compte rendu du* Petit Journal *du 27 mars.*)

Le 23 mars 1876 le Congrès des Agriculteurs de France a terminé sa session par une manifestation très-importante en faveur des Caisses d'épargne scolaires.

L'assemblée générale du Congrès a émis le vœu :

« Que les écoles des campagnes et les fermes-écoles soient « dotées de Caisses d'épargne scolaires, partout où les cir- « constances locales le permettront. »

Ce vœu n'est pas seulement considérable par la compétence et l'autorité morale des membres de la Société des agriculteurs de France, mais aussi par la manière dont il s'est produit.

Un grand nombre de membres du Congrès, propriétaires agriculteurs résidant dans les campagnes où sont déjà établies des Caisses d'épargne scolaires, avaient constaté de près le fonctionnement régulier et facile de cette institution, et les bons résultats moraux, déjà sensibles ; ils ont donc exprimé le désir que l'institution fût inscrite parmi les questions à l'ordre du jour ; et invité le promoteur, M. de Malarce, à exposer la question dans la *Section de l'Education agricole.*

Cette section, présidée par M. Tisserand, inspecteur général de l'agriculture, a conclu en formulant le vœu ci-dessus reproduit, et en chargeant M. de Malarce de porter et de soutenir ce vœu à l'Assemblée générale du Congrès.

Le rapporteur se présentait ainsi à la tribune de l'assemblée générale, assisté de nombreuses sympathies ; il a bientôt rallié l'assemblée tout entière par son discours qui s'est terminé par l'adoption unanime du vœu proposé en faveur des Caisses d'épargne scolaires.

De ce discours, nous résumerons pour nos lecteurs la partie où M. de Malarce a dit les causes du succès de l'œuvre des Caisses d'épargne scolaires : il est très-utile que ces causes soient signalées à tous ceux qui voudront propager cette œuvre.

C'est d'abord que l'on a senti en France que la Caisse d'épargne scolaire était une institution d'origine française, conque en 1834 au Mans, essayée en quelques autres localités en 1838, en 1840, par des tentatives isolées et un peu rudimentaires, et que les étrangers nos voisins, Belges et Anglais, nous ont prise, suivant l'usage, pour donner à cette idée française un corps plus parfait, une forme régulière, grâce aux aptitudes de persévérance dont ces étrangers semblent doués.

L'opinion publique en France a donc senti qu'il s'agissait de rapatrier une idée française, et, sous le bénéfice de ce sentiment patriotique, l'institution s'est trouvée naturellement acclimatée et bien venue chez nous.

Autre cause de succès : le promoteur a eu le bon esprit de prendre et de poser pour règle : que la Caisse d'épargne scolaire serait l'œuvre de la libre initiative privée, et ne devait être établie que dans les localités où toutes les volontés nécessaires se prêteraient résolûment à l'œuvre; on a ainsi évité des fondations factices, imposées par pression officieuse, et qui n'auraient pas tardé à s'effondrer par des abus, des plaintes, des difficultés de toute sorte, au détriment même du crédit populaire de l'Institution.

Toutes les Caisses d'épargne scolaires aujourd'hui organisées (et nous en possédons déjà près de deux mille), fonctionnent à souhait, car ceux qui les font agir, administrateurs de Caisses d'épargne et instituteurs, en ont fait comme leur œuvre personnelle, et s'y dévouent comme à leur chose propre.

Enfin, ce qui a assuré cette œuvre, c'est que partout on a adopté fidèlement la méthode consacrée par les longues expériences de la Belgique et de l'Angleterre, méthode qui a le double avantage d'être très simple de procédés, ne demandant à l'instituteur qu'une tâche facile et de peu d'instants, et d'être sûre d'opération, opérant constamment au grand jour, sous les yeux des élèves et le contrôle des familles.

A ces trois causes de succès, les membres du Congrès qui ont eu occasion de voir le promoteur à l'œuvre ont pu ajouter l'action très-particulière du promoteur, action énergique, tenace, infatigable, mais non moins habile et bien réglée, et qui lui a permis de faire concourir à cette entreprise d'utilité populaire, de progrès national, les influences d'ailleurs les plus diverses, les efforts de tous les hommes de dévouement patriotique et de bons sens social.

Rapport de M. Léon Lefébure,

SECRÉTAIRE GÉNÉRAL DE LA SOCIÉTÉ DE PROTECTION DES APPRENTIS

A l'assemblée générale, le dimanche 30 avril 1876, au Cirque des Champs-Elysées (d'après le compte rendu du Bulletin de la Société de protection.)

La Société de protection des apprentis et des enfants employés dans les manufactures, qui a pour président M. Dumas (de l'Institut), a tenu sa séance extraordinaire dans laquelle elle décerne, tous les deux ans, des prix aux institutions fondées dans l'intérêt des jeunes ouvriers, aux industriels, contremaîtres, apprentis et anciens apprentis. Une médaille en vermeil a été décernée à M. de Malarce, à la suite d'un rapport de M. Léon Lefébure, membre du Conseil supérieur du commerce, ancien député et sous-secrétaire d'État des finances, secrétaire général de la Société.

Messieurs, a dit M. Léon Lefébure, j'arrive à une récompense exceptionnelle, à un hommage particulier qui s'adresse à la fois à un homme et à une institution, à un homme qui a su mettre en mouvement l'un des plus puissants instruments de l'enfant ouvrier : Je veux parler de M. de Malarce, qui vient de propager si rapidement en France l'institution des Caisses d'Épargne scolaires.

L'œuvre de M. de Malarce nous a paru admirable à tous égards.

Son exemple atteste d'une façon éclatante la toute-puissance de l'initiative individuelle, et ses efforts remédient à l'une des plus graves lacunes qui existent dans nos institutions ouvrières.

Si, en effet, vous comparez, Messieurs, la condition de l'ouvrier en France et dans les autres pays manufacturiers, vous remarquerez promptement notre absolue supériorité dans toutes les œuvres et institutions de secours. Ces institutions sont merveilleusement organisées parmi nous, et, on peut le dire, elles sont multipliées à l'infini. Mais ce qui fait défaut, ce qui se propage malaisément, ce sont les institutions de prévoyance.

L'idée des caisses d'épargnes scolaires, comme le rappelait il y a peu de temps, M. Hippolyte *Passy*, en entretenant l'Académie des résultats obtenus par M. *de Malarce*, est une idée française conçue et mise en œuvre par des essais isolés, en deux ou trois localités de notre pays, il y a une quarantaine d'années, mais qui a pris ensuite un grand développement en Belgique et en Angleterre. Destinée commune à bien des idées, à bien des découvertes auxquelles la France donne libéralement naissance pour les négliger bientôt, comme si elle était trop riche, se les voir enlever ensuite et finir par les chercher à l'étranger pour les ramener à leur berceau !

La caisse d'épargne scolaire a pour but de mettre la caisse d'épargne à la portée des petits enfants; elle leur procure, en effet, le moyen de déposer leurs petites épargnes inférieures au franc admis par la caisse d'épargne ordinaire et la faculté de les déposer sans déplacement, dans l'école même, par les soins de l'instituteur.

L'écolier peut ainsi sauver de dépenses futiles quelques-uns des sous de poche que ses parents laissent à sa libre disposition.

Aussitôt que ces sous épargnés atteignent 1 franc, ce franc est versé à la grande caisse d'épargne par les soins de l'instituteur; il est inscrit sur un *livret* au nom de l'écolier, qui devient ainsi un véritable déposant de la grande caisse d'épargne.

L'écolier arrive ainsi à se former, s'il le veut, un précieux pécule; et à l'occasion, ce pécule, comme on l'a plusieurs fois constaté chez les écoliers d'Angleterre et de Belgique, peut n'être pas inutile aux besoins de la famille, dans un de ces moments de gêne qu'il faut toujours prévoir et qu'un enfant économe sera heureux de pouvoir soulager.

Ainsi, en outre, l'enfant fera son apprentissage de l'économie, c'est-à-dire de la bonne conduite de ses affaires; par cet exercice pratique de l'épargne, il apprendra à modérer ses besoins factices, à régler sa vie, à fuir les dépenses inutiles ou malsaines. Il deviendra, selon une juste expression, le missionnaire de l'épargne au sein de la famille.

Comme le constate encore M. *Passy*, il est difficile, parfois impossible, de modifier les habitudes des ouvriers adultes et de convertir à l'esprit de prévoyance, à la pratique de l'épargne, des hommes faits, déformés par d'autres mœurs mais l'habitude de l'ordre, de la sobriété, de l'économie inculquée à l'enfant sur les bancs de l'école devient le moyen véritablement efficace de préparer des générations nouvelles considérablement améliorées dans leur état moral et matériel.

Voulez-vous, Messieurs, une démonstration à l'appui de cette observation et de cette espérance?

Un criminaliste suisse, connu dans le monde savant de toute l'Europe, le docteur *Guillaume*, directeur du pénitencier de Neufchâtel, constatait, dans une récente publication, qu'en Suisse, dans ce pays où l'on compte un déposant de caisse d'épargne sur quatre habitants de tout rang, de tout sexe et de tout âge, on trouve à peine parmi cent criminels six individus ayant un livret de caisse d'épargne; et j'ajouterai que la même observation a été faite dans plusieurs autres pays.

Et c'est cette institution si utile, Messieurs, née parmi nous, florissante chez les nations qui nous entourent, que nous négligions absolument de développer depuis tant d'années!

Nous avons dit déjà par quels moyens elle se propage en ce moment.

C'est par la voie de la libre initiative et en faisant appel à de libres dévouements que la fondation des caisses d'épargne scolaires a été provoquée et se généralise.

Aujourd'hui ces caisses organisées et dirigées par des hommes de bonne volonté fonctionnent parfaitement.

Plus de 1,500 écoles sont dotées de ce service d'éducation économique et pratique, et comptent plus de cent vingt mille écoliers épargnants.

En outre, les caisses d'épargne scolaires commencent à s'introduire dans les ateliers pour les apprentis.

Déjà plusieurs grandes Administrations, notamment celle des manufactures de l'État, par les soins de son Directeur général notre honorable collègue, M. *Rolland*, préparent cette amélioration pour les enfants dépendant de leurs services.

A l'heure où je vous parle, la caisse d'épargne scolaire a été propagée jusque dans les pays les plus lointains, jusqu'aux extrémités du monde civilisé.

Nous faut-il un plus éclatant exemple pour démontrer la puissance de l'initiative individuelle, la force qui est en chacun de nous? faut-il une plus grande leçon pour condamner notre inertie, pour démontrer à quel point il est vain de demander exclusivement à l'action de l'Etat des progrès qu'il dépend de nous de réaliser ?

Nous l'oublions trop souvent, et il faut le rappeler sans cesse, c'est à notre propre énergie qu'il faut nous confier, sans nous reposer sur l'intervention du Gouvernement. Si vous voulez bien me permettre de recourir à une image qui me paraît de circonstance, je dirai que le Gouvernement peut être comparé aux fondements et aux murs d'une fabrique qui entourent et protégent les forces motrices, mais qui ne sont pas eux-mêmes ces forces.

Cette considération m'amène à insister, en terminant, sur un enseignement qui me paraît sortir tout naturellement de ces faits, c'est que nous devons nous attacher plus que jamais à provoquer, à développer dans l'ouvrier comme en nous-mêmes l'initiative, l'action, le sentiment de la responsabilité.

Il serait téméraire de nous flatter d'améliorer la condition de l'ouvrier sans son propre concours.

Notre but ne saurait être de penser, de prévoir, d'agir pour lui, de le dispenser de l'effort sans lequel il ne peut s'élever, sans lequel il ne parviendra ni à s'instruire, ni à fermer l'oreille aux utopies malsaines et aux suggestions de l'envie, ni à accepter la loi vivifiante du travail en homme et en chrétien.

Pour employer une brève et saisissante formule : notre but doit être d'aider l'enfant, d'aider l'ouvrier à s'aider lui-même.

Enseignons-lui que tout progrès matériel, pour être fructueux et durable, doit être accompagné, devancé par un progrès moral et religieux.

Sachons comprendre tout ce qu'il y dans ce mot si grand, si redoutable, si profond, dans ce mot qui porte en lui tout un mystérieux avenir : élever l'enfant.

Oui, Messieurs, élever l'enfant, en faire un homme, répandre dans toutes les parties de la population, avec les bienfaits de l'instruction, le sentiment du devoir et l'observation des lois divines : voilà le véritable secret de la destinée d'une nation.

Rappelons-nous que, de son lit de mort, le fondateur de l'Union américaine adressait à ses compatriotes ce dernier et suprême conseil : Instruisez le peuple !

Institution des Bureaux d'Épargne des Manufactures.

Le directeur général des manufactures de l'État, M. Rolland, membre de l'Institut, a adressé à MM. les Directeurs de son service la circulaire suivante, datée du 12 janvier 1876 :

« Monsieur le Directeur, je vous transmets ci-joint un exemplaire du Manuel des Caisses d'épargne scolaires par M. de Malarce, économiste distingué, qui a fait une étude spéciale de ces questions en France et à l'étranger.

« Il est du plus haut intérêt que nos ouvriers apprennent le chemin de la Caisse d'épargne, et l'administration est toute disposée à favoriser autant qu'il dépend d'elle, les institutions qui peuvent conduire à ce résultat. Les systèmes indiqués par M. de Malarce ont reçu la sanction de l'expérience et conduit en Angleterre, en Belgique et en France à des résultats importants que je crois utile de vous signaler ; je vous prie d'examiner s'il ne serait pas possible de faire une application totale ou partielle de ces systèmes dans votre établissement et de me faire connaître prochainement votre appréciation à cet égard.

« Des institutions d'épargne ayant quelque analogie avec les Penny Banks dont il est question à la page 10 de la brochure, fonctionnent depuis plusieurs années dans quelques-unes de nos manufactures ; si celle que vous dirigez est de ce nombre, vous voudrez bien m'adresser un rapport donnant l'historique du mode en vigueur, les moyens pratiques employés pour permettre à l'ouvrier de faire, sans perte de temps, le dépôt des petites sommes, enfin l'importance des résultats obtenus, et les modifications à introduire pour les améliorer. »

Les réponses des Directeurs ayant été favorables à cette amélioration, la Direction générale, d'après une décision du Conseil supérieur des Manufactures, a prié M. de Malarce de préparer les moyens d'organisation, et, à cette fin, de se rendre d'abord à Nantes pour étudier et arrêter, d'accord avec le Directeur de la manufacture nationale de Nantes, M. Buisson, un projet détaillé d'organisation de *Bureaux d'Épargne*, approprié à nos lois, aux statuts de nos Caisses d'Épargne, aux

— —

convenances de nos manufactures, et aux habitudes des ouvriers français, et en même temps pour établir avec la Caisse d'épargne de Nantes une entente complète sur les mesures spéciales à ce nouveau service.

M. de Malarce a trouvé à Nantes, pour l'accomplissement de sa mission toutes les conditions favorables qui avaient été prévues, et notamment le concours empressé du Conseil de la manufacture, et du Conseil d'administration de la Caisse d'épargne de Nantes, qui a pris à sa charge les frais des imprimés et accordé toutes les facilités nécessaires. Le projet de règlement, avec les formules de comptabilité, ainsi précisé dans le rapport de mission de M. de Malarce, a été examiné par M. le Directeur général et M. Kretz, ingénieur en chef, inspecteur des manufactures de l'État, et soumis au Conseil supérieur.

Par suite, l'institution des Bureaux d'Epargne vient d'être mise en œuvre, depuis le 7 août, à la manufacture des tabacs de Nantes, pour le service spécial et à la satisfaction des dix-huit cents ouvriers, ouvrières et apprenties de cet établissement. L'institution se propagera progressivement dans les autres manufactures de l'Etat, qui comptent près de vingt mille ouvriers et ouvrières, et, ensuite, dans les manufactures privées, dont plusieurs sollicitent déjà ce service d'utilité publique. Ainsi, plus d'un milion d'ouvriers pourront être dotés de facilités nouvelles et précieuses pour leurs opérations d'épargne.

Sur les bases de ces *Bureaux d'Epargne*, le Ministère de la Marine et des Colonies prépare le même service par les soins de M. Delarbre, directeur de la Comptabilité générale, pour les établissements des constructions navales, et par les soins de M. le baron Benoît d'Azy, directeur des colonies, pour les colonies et les établissements pénitentiaires.

Le *Règlement et les modèles de comptabilité des Bureaux d'Epargne*, vont être publiés par M. de Malarce en forme de MANUEL DES BUREAUX D'EPARGNE.

Le Bulletin de la Société des institutions de Prévoyance, donnera une étude sur cette institution, dont le Conseil d'administration de la Société a eu lieu d'examiner et d'approuver les procédés de fonctionnement.

Voici la notice, extraite du Règlement des Bureaux d'épargne, imprimée sur le verso de la feuille remise à chaque ouvrier de la manufacture, et affichée dans les ateliers.

On remarquera que les procédés d'opération, corrigeant un défaut, trop souvent constaté, des Penny Banks d'Angleterre, ont été réglés de telle sorte que l'argent recueilli dans les ateliers par le Bureau d'épargne de la manufacture, est versé le jour même à la Caisse d'Epargne de la localité, et qu'il est ensuite réparti régulièrement chaque mois, c'est-à-dire aussitôt que possible, sur livrets ordinaires individuels, au compte respectif de chaque ouvrier, qui, dès lors, se trouve créancier direct de la Caisse d'Epargne de la localité.

Ainsi, comme dans le système de la Caisse d'Epargne scolaire, qui a fait le succès de l'institution par ses procédés faciles et sûrs, on s'est ici étudié à ménager la tâche et la responsabilité de l'intermédiaire du Bureau d'épargne.

NOTICE.

BUREAU D'ÉPARGNE *institué pour le service spécial des ouvriers et ouvrières de la manufacture nationale de N...., comme auxiliaire de la Caisse d'épargne de la ville de N...*

Il est institué sous le titre de *Bureau d'épargne*, un bureau auxiliaire de la *Caisse d'épargne de la ville de N....*, pour le service spécial des ouvriers et ouvrières de la *Manufacture nationale d...*

But et avantages de l'institution. — Le Bureau d'épargne est organisé par les soins de l'Administration des manufactures de l'État, de concert avec l'Administration de la Caisse d'épargne de...., dans la pensée de favoriser les bonnes habitudes d'économie, d'ordre et de sage prévoyance, si précieuses pour le bien-être des ouvriers et de leurs familles.

Le *Bureau d'épargne* a pour but de mettre la Caisse d'épargne à la portée des ouvriers et des ouvrières de la Manufacture, en leur procurant l'avantage de déposer leurs épargnes sans déplacement, sans perte de temps, le jour même de la paye, au moment où ils peuvent le mieux faire leurs économies, et en leur ménageant les mêmes facilités pour retirer les sommes qu'ils auront déposées ainsi à la Caisse d'épargne de N..., par l'intermédiaire du *Bureau d'épargne de la Manufacture.*

En outre, dans ce *Bureau d'épargne*, les ouvriers et ouvrières auront la faculté de déposer des fractions de francs, par décimes ; ce qui permettra particulièrement aux plus jeunes ouvrières et aux apprenties de se former aux habitudes économes, en mettant à l'épargne de très-petites sommes, et d'amasser ainsi le franc, qui est le minimum accepté par la Caisse d'épargne.

Voulant favoriser plus encore cette institution, l'Administration des Manufactures de l'État prend à sa charge le prix du livret de Caisse d'épargne, qui, dans les conditions ordinaires, est payé par le déposant.

Dans cette même pensée de sollicitude pour les ouvriers et ouvrières économes, l'Administration de la *Caisse d'épargne de N...* a décidé de fournir gratuitement tous les imprimés de comptabilité nécessaires au fonctionnement du *Bureau d'épargne de la Manufacture*.

Organisation du Comité administratif du Bureau d'épargne. — Le *Bureau d'épargne* est administré par un *Comité* de cinq membres, désignés par le directeur de la Manufacture et choisis parmi les contre-maîtres et surveillants disposés à accepter par dévouement à l'intérêt de tous cette tâche de confiance.

Le Comité du Bureau d'épargne comprend :

1° Un *Intermédiaire* spécialement accrédité par le directeur de la Manufacture près la Caisse d'épargne de la ville de N...

2° Quatre *Adjoints*, savoir : deux *Collecteurs*, chargés de réunir les sommes qui auront été versées dans chaque atelier entre les mains du chef d'atelier ou surveillant, et de porter la somme totale de ces versements, le soir même, à la Caisse d'épargne, d'après un bulletin de dépôt collectif dressé par l'*Intermédiaire*, et deux *Auxiliaires* pour la tenue des écritures du *Bureau d'épargne*.

Un des quatre *Adjoints* est désigné et accrédité par le Directeur de la Manufacture comme *Intermédiaire suppléant*.

Fonctionnement du Bureau d'Épargne.—Le jour de chaque paye de dizaine, tout ouvrier ou ouvrière qui veut mettre à l'épargne est admis à verser la somme qu'il destine à cette fin entre les mains du chef d'atelier ou du surveillant, qui inscrit immédiatement cette somme : 1° sur une feuille-bordereau de l'atelier, et 2° sur une feuille volante duplicata.

Cette feuille duplicata, portant le nom du déposant, est remise aussitôt au déposant, qui doit la garder soigneusement, et la rapporter toutes les fois qu'il veut faire une nouvelle opération, versement d'épargnes ou retrait de fonds.

Toutes les sommes ainsi déposées sont, *le soir même*, transmises par les soins de l'*Intermédiaire* à la *Caisse d'Epargne de N...*, qui, *à la fin de chaque mois,* inscrit le montant de ces dépôts d'épargne dans les livrets individuels au nom et compte de chacun des déposants, d'après un bordereau des versements individuels de chacun.

Ces livrets individuels, identiques aux livrets ordinaires de la *Caisse d'Epargne de N...*, et productifs du même taux d'intérêt de (3 fr. 75 p. 0/0) par an, sont classés dans le bureau de l'*Intermédiaire* du *Bureau d'épargne de la Manufacture*, où ils sont tenus à la disposition des déposants intéressés qui désireraient connaître leur situation à la *Caisse d'épargne de la ville*.

Tout ouvrier et ouvrière titulaire d'un livret peut demander, par les soins de l'*Intermédiaire* du *Bureau d'Épargne de la Manufacture*, le remboursement de tout ou partie de son avoir; il lui suffit de faire une demande à l'*Intermédiaire*, qui prendra le soin de remplir toutes les formalités nécessaires, de retirer à la Caisse d'Epargne les fonds réclamés et de remettre l'argent aux mains de l'ayant-droit.

Dans le cas où un ouvrier ou ouvrière déposant quitte la Manufacture, il reçoit par les soins de l'*Intermédiaire* la somme d'épargnes lui appartenant, qui pourrait se trouver momentanément dans le dépôt collectif de la *Caisse d'Epargne de la ville*, reprend son livret d'épargnes, et rentre, dès lors, dans la catégorie non privilégiée des déposants ordinaires de la Caisse d'épargne de la ville.

Du Rapport officiel belge de 1875 sur les Caisses d'épargne.

Extrait du Journal des Débats *du 7 août 1875.*

La Direction générale de la Caisse nationale d'épargne et de retraite de Belgique consacre le premier chapitre de son Rapport de 1875 sur l'exercice 1874 à l'épargne scolaire. Le rapporteur, M. Léon Cans, directeur général de ce service, commence par constater le mouvement de propagation en Europe de la Caisse d'épargne scolaire en ces derniers temps, notamment en France, en Angleterre, en Italie, en Hollande, en Allemagne.

« J'ai fait connaître, l'année dernière, dit le Directeur général belge, le mouvement qui se produisait en Angleterre. Je reviens sur ce sujet en empruntant quelques lignes à une publication récente : *les Caisses d'épargne scolaires et les Penny Banks,* que je suis heureux de signaler à l'attention de tous ceux qui prennent intérêt à cette question d'une si grande importance pour l'amélioration de la condition morale et matérielle des classes ouvrières : Un éminent économiste, M. A. de Malarce, chargé par le gouvernement français d'étudier les Caisse d'épargne de Belgique, et spécialement la Caisse d'épargne scolaire, a publié plusieurs travaux sur ce sujet dans la *Revue des Deux-Mondes*, le *Journal des Débats* et *l'Economiste français.*

« Mon rapport sur le bienfait et sur l'organisation administrative de la Caisse d'épargne scolaire, dit M. de Malarce, « a éveillé d'actives sympathies et provoqué des concours « efficaces. En quelques mois un nombre considérable de « Caisses d'épargne scolaires ont été établies en France, suivant le système si heureusement expérimenté en Belgique, « grâce au bon vouloir qu'ont montré pour cette œuvre d'initiative libre et de dévouement volontaire plusieurs administrateurs de Caisses d'épargne, des maires, des préfets, « des inspecteurs d'académie, des inspecteurs de l'instruction « primaire et de nombreux instituteurs. »

Après avoir décrit dans tous ses détails la marche suivie en Belgique et les résultats obtenus, il ajoute : « Voilà ce qu'a « fait à Gand un homme de science doublé d'un énergique « homme de bien. »

« L'amélioration matérielle, dit-il enfin, que cela peut « amener dans les générations prochaines est moins considé- « rable encore que l'amélioration morale procurée à ces enfants « dont on accroît ainsi la puissance de volonté, de prévoyance, « de *self control*, comme l'écrivait dernièrement M. Fitch, « inspecteur général des écoles d'Angleterre », qui est aussi venu en Belgique étudier l'épargne dans l'école.

« En vue de connaître les résultats obtenus par l'introduction de l'épargne dans les écoles primaires de la Belgique, M. le ministre de l'intérieur a résolu de faire une enquête, dont le soin est confié à MM. les inspecteurs provinciaux de l'enseignement primaire, avec le concours des directeurs et directrices d'école.

« Une enquête était nécessaire pour qu'il fût possible de donner suite à l'idée qui s'est fait jour d'accorder aux instituteurs qui montreraient le plus de zèle pour le développement de l'épargne dans les écoles, des distinctions et des récompenses par des médailles, des mentions honorables et des prix en livres. M. de Malarce préconise cette idée. »

Bien que l'enquête dont parle M. le directeur général belge ne puisse donner ses résultats que dans quelques mois, les tableaux du rapport actuel sur la situation de la Caisse d'épargne nationale nous permettent de reconnaître l'influence et le progrès de l'épargne dans l'école. Tandis que les ouvriers de Gand, en 1866, connaissaient à peine la Caisse d'épargne, et figuraient, sur une population de 120,000 habitants, pour 807 déposants seulement, on comptait là, en 1869, trois ans après l'établissement des Caisses d'épargne scolaires, 11,344 déposants, avec 504,200 francs d'épargne, dont 10,587 écoliers avec 9(,298 francs d'épargne.

En 1872, la ville de Gand comptait 12,231 déposants, avec 843,018 francs; et, à la fin de l'année 1874, 13,880 déposants, avec 1,043,180 francs. Aussi, le rapport officiel attribue en grande partie à la multiplication des Caisses d'épargne scolaires dans les diverses localités de la Belgique le progrès rapide du nombre des livrets adultes et des sommes déposées dans la Caisse nationale d'épargne de Belgique.

Une autre cause de cette progression est due aux bureaux de poste, organisés depuis 1870 comme agences auxiliaires de la Caisse d'épargne :

« L'accroissement des recettes d'épargne aux bureaux de poste, dit le Rapport, est surtout remarquable ; elles se sont élevées :

« En 1870, à 1,163,000 francs par 14,389 versements, et ont donné lieu à l'ouverture de 5,107 livrets nouveaux.

« En 1871, à 1,293,000 francs par 13,140 versements, et 2,773 livrets nouveaux.

« En 1872, à 1,809,000 francs par 17,385 versements, et 3,480 livrets nouveaux.

« En 1873, à 3,236,000 francs par 28,897 versements, et 6,393 livrets nouveaux.

« En 1874, à 3,810,000 francs par 35,061 versements, et 6,198 livrets nouveaux. »

Il est intéressant de remarquer que la multiplication des bureaux d'épargne par les postes, au lieu de déterminer des versements moyens plus modiques en sommes, a eu pour effet d'amener une moyenne somme de versement plus forte ; c'est que par les bureaux de poste, on a atteint la clientèle des campagnes, où les paysans font leurs rentrées et leurs économies par sommes assez fortes, au moment de la vente de leurs produits agricoles.

Ce tableau montre aussi combien les versements deviennent plus nombreux à mesure que les bureaux d'épargne par les postes ont été multipliés, c'est-à-dire à mesure que des facilités plus grandes ont été offertes à l'épargne, par ces bureaux d'épargne ouverts tous les jours et toute la journée. Et c'est là la grande affaire des sincères promoteurs des Caisses d'épargne : ouvrir partout et à toute heure, autant que cela est possible, ces bureaux de sauvetage des épargnes du peuple.

C'est ce que paraît comprendre fort bien l'administration belge, qui, depuis le 1er décembre dernier, a ordonné « que la Caisse d'épargne serait ouverte les samedis, de sept heures à neuf heures du soir, afin de donner aux ouvriers, au moment où ils ont reçu leur salaire, la possibilité d'effectuer le versement de leurs économies avant que ne se présente l'occasion de les dissiper. »

Au total, grâce à la Caisse nationale de Belgique, fondée par la loi de 1865, et représentée aujourd'hui dans presque toutes les localités du pays par des succursales spéciales, par les agences de la Banque nationale de Belgique et par les bureaux de poste, la Belgique, qui était fort désorganisée et arriérée sous le rapport de l'épargne populaire, tend à se relever au meilleur rang parmi les États de l'Europe dotés de bonnes institutions économiques. La Belgique s'est dotée, ainsi rapidement, en dix ans, de 521 bureaux d'épargnes officiels; aussi, le nombre des livrets, dans la Caisse nationale, s'est accru de 14,332 en 1873, et de 14,350 en 1874 : il était, au 31 décembre 1874, de 92,192 pour un stock total de dépôts de 37,326,103 francs.

Outre la Caisse d'épargne nationale, il existe douze anciennes Caisses d'épargne particulières, dont deux sont à noter : celle de la Banque liégeoise : 9,145 livrets avec 3,506,136 francs; et celle de la Société générale, qui, après 1830, fut pour quelques années la Caisse d'épargne générale de toute la Belgique, et rendit alors de très-grands services; mais prenant ensuite le caractère purement industriel de la société dont elle dépendait, elle fut considérée par cette société comme une charge et un embarras, et systématiquement restreinte, ainsi que cela est expliqué dans un rapport de M. Frère-Orban, ministre des finances, autour de la réforme de 1865. Aussi cette Caisse d'épargne de la Société Générale, après avoir compté en 1842, 30,955 déposants et 61 millions de francs de dépôts, a réduit ses services et ses opérations, depuis 1845 et surtout depuis 1865; et elle ne comptait plus guère en 1874 que 10,204 déposants et 13,074,360 francs de dépôts.

La Caisse d'épargne nationale, avec son large outillage rayonnant sur tous les points de la Belgique, et avec sa direction franche de toute pensée d'affaire et dominée par les seuls principes d'intérêt public, satisfait de plus en plus et de mieux en mieux aux besoins des populations laborieuses e économes de la Belgique.

— Nous devons noter ici la campagne de réforme entreprise dans les Pays-Bas, depuis deux ans, par un groupe de députés et de publicistes, en tête desquels est M. de Bruyn-Kops, député et directeur de la revue *De Economist*, de La Haye.

Loi italienne du 27 mai 1875 pour l'institution des Caisses d'épargne postales.

La loi italienne sur les Caisses d'Epargne a été présentée à la Chambre des députés par l'économiste M. Sella, ancien ministre des finances, le 18 décembre 1874. Ainsi que l'indique l'Exposé des motifs, cette loi a mis en œuvre les principales mesures d'amélioration et de réforme exposées, en vue des Caisses d'épargne françaises, par M. de Malarce dans son étude de la *Revue des Deux-Mondes* du 15 juin 1872, sur les *Moyens d'assurer et de développer* l'institution *des Caisses d'Epargne*. Le projet italien, toutefois, entre plus radicalement dans le système anglais, par l'organisation d'une Caisse postale officielle, au lieu du système proposé et aujourd'hui décrété en France, qui offre seulement aux Caisses existantes l'auxiliaire des Postes.

Pendant que le projet de M. Sella était à l'examen du Parlement, le succès des Caisses d'Epargne scolaires en France paraît avoir déterminé la Commission de la Chambre italienne à ajouter deux articles (13 et 14), et un paragraphe (art. 15), en faveur des Caisses d'Epargne scolaires et des Bureaux d'Epargne (*Extrait de la chronique du* JOURNAL DES ÉCONOMISTES)

Art. 1. Les bureaux de poste du royaume, graduellement désignés par le Gouvernement, opéreront comme succursales d'une Caisse d'épargne centrale placée sous la garantie de l'État, et comprise dans la Caisse des dépôts et prêts instituée par la loi du 17 mai 1863.

Pour fonctionner comme caisses d'épargne, seront d'abord désignés de préférence les bureaux de poste situés dans les localités où n'existent pas de Caisses d'épargne.

Art. 2. L'Administration postale tiendra les écritures relatives aux dépôts d'épargnes, et représentera l'Etat dans ses rapports avec les déposants.

Dans les temps prescrits par le Règlement, elle transmettra

à la Caisse des dépôts et prêts le relevé des comptes avec les déposants, versera les fonds recueillis disponibles, ou retirera les fonds nécessaires.

Art. 3. Il sera ouvert, dans l'Administration des postes, un compte courant en faveur de chacun des individus au nom desquels seront versées des sommes à titre d'épargne; et à ce déposant sera délivré un livret sur lequel les employés désignés par le règlement inscriront les sommes versées, les sommes remboursées et les intérêts produits.

Le livret est donné gratuitement, et exempt de timbre.

Art. 4. Les versements ainsi reçus pour compte d'un même individu ne peuvent être inférieurs à une lira (1 franc); et ils pourront s'élever jusqu'à 2,000 lire (2,000 francs).

Dans le cours d'une même année solaire, on ne pourra inscrire sur le même livret une somme de plus de 1,000 lire, déduction faite des sommes déjà remboursées.

Art. 5. Pour ces dépôts d'épargnes, sera stipulé un taux d'intérêt déterminé chaque année par le ministre des finances, de concert avec le ministre de l'agriculture, industrie et commerce.

L'intérêt courra du 1er ou du 16 du mois après le versement, et il cessera le 1er ou le 16 précédant le remboursement.

L'intérêt se capitalise à la fin de l'année solaire.

Les fractions de lira ne portent pas intérêt.

Une affiche apposée dans les bureaux de poste indiquera le taux d'intérêt et la retenue pour la taxe sur les revenus de la richesse mobilière.

Art. 6. Les sommes versées au delà de 2,000 lire ne produisent pas d'intérêt.

Art. 7. A la requête du déposant, le dépôt sera employé en achat de consolidé moyennant le remboursement du prix seul d'achat.

Le crédit du déposant peut aussi, à sa requête, être converti en *dépôt volontaire*, dans le sens de la loi du 17 mai 1863. (Loi d'institution de la Caisse des dépôts et prêts.)

Art. 8. Le remboursement de tout ou partie des sommes déposées à titre d'épargne sera obtenu par le titulaire du livret ou par son représentant légitime au moyen de la présentation du livret.

Le remboursement se fera au plus tard dix jours à partir de la demande, pour les sommes qui ne dépassent pas 100 lire; dans vingt jours, jusqu'à 200 lire; dans un mois jusqu'à 1000 lire; et dans deux mois pour les sommes plus fortes.

Dans les termes susdits, on ne rembourse pas une somme plus grande, quel que soit le nombre des demandes qui, dans l'intervalle, seraient réitérées sur le même livret.

Cet article sera imprimé sur le livret.

Art. 9. Le déposant pourra obtenir que le remboursement des sommes versées soit fait dans un autre bureau de poste, sans que cela donne lieu à aucune dépense à sa charge.

Art. 10. Est prescrit, au profit de la Caisse des dépôts et prêts, le livret sur lequel depuis trente ans les ayants droit n'ont fait aucune demande de versement ou de remboursement.

Art. 11. Le livret est nominatif, et contient les indications nécessaires pour reconnaître l'identité du créancier. En cas de perte du livret, un duplicata pourra en être donné, en observant les mesures de précaution qui seront déterminées par le règlement.

On peut délivrer et rembourser le livret aux mineurs et aux femmes mariées, sauf le cas d'opposition des parents et tuteurs, ou maris.

Il est défendu aux employés de donner, à d'autres qu'à leurs supérieurs, aucune indication relativement aux noms des déposants et au montant des dépôts.

Faculté est donnée au gouvernement d'émettre aussi des livrets au porteur, quant et où il le croit opportun.

Art. 12. Le livret n'est pas sujet à séquestre, mise en gage, ni saisie; il ne sera admis d'opposition à son remboursement que dans les cas de contestation sur les droits de succession, ou dans les cas spécifiés dans l'article 11.

L'opposition, pour être valable, devra être faite au bureau de poste où le livret est remboursable.

Art. 13. Les directeurs des écoles et des sociétés de secours mutuels qui se proposent de recueillir les épargnes des écoliers et des associés, pourront avoir auprès du bureau de poste un livret, duquel seront déduites, pour être inscrites dans les livrets individuels des écoliers et des associés, les sommes qui seront indiquées par le directeur de l'École ou de la Société, dûment reconnus par l'administration postale.

Le livret collectif délivré par l'officier postal aux directeurs des écoles et des sociétés susdits, sera productif d'intérêts au delà de la limite déterminée par l'article 6.

A ces directeurs seront donnés gratuitement les imprimés nécessaires pour les enregistrements et les autres opérations de l'épargne dans leurs écoles ou sociétés de secours mutuels.

De plus, ces imprimés seront exempts du timbre.

Art. 14. Pourront être admises aux avantages de l'article précédent les associations philanthropiques qui s'occupent de recueillir les petites épargnes, et dont les statuts ont été approuvés par l'autorité compétente et les directeurs agréés par l'administration des postes.

Art. 15. Les dépenses pour l'application de cette loi sont entièrement, et y compris aussi la part proportionnelle de la dépense pour les pensions des employés, à la charge de la Caisse des dépôts et prêts.

Sur les bénéfices des exercices, on pourra assigner des récompenses aux officiers des postes, aux directeurs d'école, aux sociétés de secours mutuels et autres, qui auront coopéré le plus efficacement à répandre l'épargne postale.

Les récompenses aux directeurs des écoles ne seront données qu'en considération du bon effet éducatif obtenu.

Tous les cinq ans, après avoir entendu la Commission de surveillance indiquée dans l'article 10, on pourra attribuer les 7/10 au plus des bénéfices restants, aux livrets ayant plus d'un an d'existence, en proportion des intérêts accumulés dans ces livrets durant la période quinquennale.

Art. 16. Tous les fonds excédant les besoins du service de la Caisse des dépôts et prêts seront employés en prêts aux provinces, aux communes et consors, et en certificats de rente, suivant les modes indiqués dans l'article 22 de la loi du 17 mai 1863.

Art. 17 et 18 (plus spécialement relatifs à la Caisse des dépôts et prêts).

Art. 19. L'exécution de cette loi est mise sous la surveillance de la Commission instituée par l'article 6 de la loi du 17 mai 1863; cette Commission, dans son rapport annuel au Parlement, rendra compte du développement de l'épargne et de l'emploi des fonds.

Art. 20 à 26 (spécialement relatifs à la Caisse des dépôts et prêts).

Art. 27. Un décret royal pourvoira aux dispositions transitoires et aux règlements nécessaires pour l'exécution de la présente loi.

Ce décret royal, approuvant un Règlement pour l'exécution de la loi du 27 mai 1875, a été rendu le 9 décembre 1875, sur la proposition des ministres des Finances (M. Minghetti), des Travaux publics (M Spaventa), et de l'Agriculture, Industrie et Commerce (M. Finali), après avis du Conseil d'Etat. Le directeur général des postes, M. le sénateur Barbavara, a adressé à ses agents une instruction générale datée du 15 décembre. Et le 1er janvier 1876, un certain nombre de bureaux de poste désignés par le Directeur général des postes, ont commencé à fonctionner comme succursales de la Caisse d'épargne centrale du Royaume d'Italie. Le 29 février dernier, 631 bureaux d'épargne postaux étaient déjà ainsi organisés.

En exécution des articles 13 et 14 de la loi italienne du 27 mai 1875, une *Instruction pour les Caisses d'épargne établies dans les écoles, les sociétés et associations philanthropiques*, a été formulée, à la date du 25 février 1876, par le directeur général des postes d'Italie. Cette instruction, accompagnée de modèles de comptabilité, est conforme aux principales dispositions indiquées dans le *Manuel des Caisses d'épargne scolaires et des Bureaux d'Epargne en France*.

La Ligue de l'Épargne en Italie.

Le 15 juin 1876, M. Sella, retiré à Biella (Piémont), a adressé à tous les chefs d'industrie une circulaire, les invitant à donner à chacun de leurs ouvriers un livret de Caisse d'Epargne, gratifié simplement d'une lira, afin de rendre *palpable* à chaque ouvrier la Caisse d'Epargne et de familiariser le peuple avec le maniement de cet instrument d'économie. Ce petit sacrifice de une lira par ouvrier, fait observer aux industriels M. Sella, aurait bientôt une réelle compensation, si cela servait, comme on peut le penser, à rendre les ouvriers meilleurs, plus réglés, plus sobres, plus prévoyants.

M Sella invite toutes les personnes qui suivront ce conseil à lui en faire part, afin que leurs noms, avec le nombre des livrets et l'indication de la Caisse d'Épargne, soient publiés dans une liste, qui formera le tableau matricule de la *Ligue l'Epargne.*

M. Sella veut faire de cette *ligue* le moyen de répandre parmi le peuple la connaissance de l'institution des Caisses d'épargne postales, fondée le 27 mai 1875 par son initiative.

Statistique des Caisses d'Épargne d'Italie et de l'Étranger.

Comme important travail scientifique publié dans ces derniers temps sur les Caisses d'Epargne, nous devons mentionner ici, nous réservant de l'analyser plus profondément dans le Bulletin de la Société, la statistique faite par le ministère du commerce d'Italie, sous la direction spéciale de M. Louis Bodio, directeur des statistiques du royaume d'Italie, en exécution d'une décision prise par le Congrès de statistique tenu à Saint-Pétersbourg en 1872. C'est une œuvre considérable et qui sera très-utilement consultée. Elle a eu déjà pour effet de provoquer plusieurs gouvernements à faire et à publier des statistiques plus complètes et plus régulières de leurs institutions d'épargne.

Le vœu testamentaire de François Deak.

François Deak, qui avait entrepris et a réussi le relèvement de sa nation, et dont la Hongrie porte le deuil comme celui d'un père, a laissé en mourant (le 20 janvier dernier), aux continuateurs de son œuvre, quelques conseils pieusement recueillis et qui peuvent passer pour le testament politique de cet éminent homme d'État.

Dernièrement, un de ses amis, le conseiller royal Bernhard Franz Weiss, a présenté à la Société d'économie nationale de Hongrie un rapport où il expose et développe les dernières pensées de François Deak, sur les moyens d'améliorer et de fortifier la vie économique du peuple hongrois.

François Deak, près de mourir, à ce moment où l'homme d'État n'a plus à rechercher les petits effets, parfois trop nécessaires dans la vie au jour le jour des luttes politiques, à ce moment où l'homme d'État se recueille et se demande, songeant à l'avenir de son peuple, quelles sont les grandes mesures à longue portée qui assureraient le mieux les destinées heureuses de ce peuple ; à ce moment François Deak répond par ces mots :

« J'ai beaucoup pensé à cette question, et mon vœu longuement réfléchi est ceci : Que l'on multiplie les Caisses « d'épargne et que toutes les écoles de la Hongrie soient dotées « de Caisses d'Epargne scolaires. »

Et le conseiller Weiss, d'après le souvenir de ses entretiens avec Deak, commente savamment ce vœu testamentaire, et il nous montre le grand patriote étudiant tout ce qui a pu être tenté de meilleur chez les divers peuples du monde moderne pour organiser la vie économique et se résumant en ces deux mots : Caisses d'Epargne, Caisses d'Epargne scolaires.

Le gouvernement hongrois n'a pas failli à l'exécution de ce vœu de François Deak, et il vient d'adresser à toutes les autorités communales, scolaires et ecclésiastiques de toutes les confessions, une circulaire que nous apprécions d'autant mieux qu'elle semble inspirée des principes qui ont présidé en France à l'organisation des Caisses d'Epargne scolaires :

Libre initiative, dévouement volontaire, sans pression d'aucune sorte sur les instituteurs ; n'agir qu'après avoir obtenu le libre concours des autorités locales, de la Caisse d'Epargne voisine et de l'instituteur, qui, dès lors, pourront s'approprier l'œuvre et la géreront bien, parce qu'ils s'en feront honneur en prenant la tâche de leur plein gré.

Et en second lieu, observation fidèle de la méthode consacrée par l'expérience de la Belgique, de l'Angleterre, de la France ; traiter les épargnes des écoliers comme des dépôts de Caisse d'Epargne, dès qu'elles auront atteint la somme minimum admise par la Caisse d'Epargne de la localité. Verser ces épargnes aussitôt à la Caisse d'Epargne voisine, et sur un *livret ordinaire*, donnant à l'élève économe tous les avantages d'un déposant ordinaire et procurant ainsi à l'écolier un apprentissage réel d'ouvrier économe, et, d'autre part, n'imposant à l'instituteur ni travail ni responsabilité incompatibles avec sa situation.

Les Caisses d'épargne scolaires

DANS LES COLLÉGES EN ANGLETERRE, DANS LES ÉCOLES DE LA NOUVELLE-ZÉLANDE ET AU JAPON.

Le mouvement en faveur des Caisses d'épargne s'accentue de plus en plus chez nos voisins d'Angleterre, qui semblent animés d'une sorte d'émulation avec nous. Non-seulement la Caisse d'épargne scolaire continue à se propager là-bas dans les écoles élémentaires, mais voici qu'elle tend à s'élever, en pénétrant dans les colléges, dans les établissements d'instruction secondaire, fréquentés par les enfants des classes aisées ou riches.

A Taunton, dans le Somérsetshire, on vient d'organiser, au au mois de janvier dernier, une Caisse d'épargne scolaire dans le collége de cette ville pour des élèves qui, en moyenne, d'après le rapport de la direction, ont plus de 150 francs par an d'argent de poche, jusqu'ici gaspillé en gourmandises ou en bagatelles.

Et l'on a dit avec raison que ces élèves, destinés à manier plus tard d'assez gros revenus, doivent être appris à ne pas vivre « de la main à la bouche », c'est-à-dire au hasard de leurs caprices et sans compter, mais à se rendre compte de leurs ressources et de leurs dépenses, et à régler leurs besoins factices.

Pour modeler la Caisse d'épargne scolaire sur les procédés de gestion de fortune dont elle sera l'apprentissage, on a réglé, à Taunton, que les élèves pourraient déposer dans deux conditions : 1° en compte courant, avec chèque, pour les très-petites sommes applicables à des dépenses ordinaires ; et 2° en dépôts sur livret de Caisse d'épargne, pour les sommes réservées à des dépenses plus rares et plus importantes.

Voilà donc réellement la Caisse d'épargne scolaire devenue, et aux deux premiers degrés de l'éducation, l'enseignement pratique de l'économie ; disons mieux, l'enseignement pratique de la science économique, grâce aux leçons auxquelles cet exercice scolaire peut servir de base et d'occasion de la part des directeurs d'école ou de collége intelligents.

Enfin nos lecteurs apprendront avec un intérêt spécial que ce mouvement en faveur des Caisses d'épargne, dû pour une grande part à une impulsion française, a atteint aujourd'hui jusqu'aux extrémités les plus reculées du monde civilisé; ce que nous constatons dans deux autres documents, récemment arrivés l'un du Japon, extrême Orient, et l'autre de la Nouvelle-Zélande, nos antipodes.

Les Caisses d'épargne ont été introduites dans l'empire du Japon, au mois de mai 1875, sous la forme de Caisses d'épargne postales; et d'après les dernières informations, la capitale, Yeddo, qui compte 800,000 habitants, possédait déjà 18 bureaux d'épargne postaux. Et l'on s'occupe d'y organiser les Caisses d'épargne scolaires.

Dans la Nouvelle-Zélande, un comité formé l'année dernière du gouverneur le marquis de Normanby, du directeur général des postes et d'autres notabilités de cette riche colonie anglaise, a poursuivi l'organisation des Caisses d'épargne scolaires. Aujourd'hui, un document publié à Dunedin, chef-lieu d'une des provinces de la colonie et daté du 22 novembre 1875, nous apprend que l'œuvre progresse, grâce aux efforts du comité: le secrétaire de cette association, M. Dalrymple, a publié là-bas une traduction des Caisses d'épargne scolaires en y ajoutant quelques réflexions fort curieuses à noter, surtout si nous considérons que cet Anglais de l'Asie australe vit dans le pays des chercheurs d'or et autres audacieux colons.

Travaillez sans réserve, leur dit-il, exploitez le sol, fouillez les mines, créez des richesses autant que vous pourrez, pour le plus grand avantage de la société humaine, de notre nation, et de vous-mêmes. Bien! mais de ces valeurs créées par votre travail, usez modérément. Pour produire, disons toujours: En avant! et que notre mot d'armes soit : *Go ahead!* — Mais, pour consommer, ayons pour devise : *Self restraint!* Tenons-nous le frein serré, soyons bons ménagers, sobres, mesurés, prévoyants.

Et l'écrivain australien termine par ces mots : C'est en apprenant aux enfants, dans l'âge tendre, l'habitude des petits sacrifices comme ceux que provoquent sur des fantaisies futiles les Caisses d'épargne scolaires, c'est par cette éducation, et peut-être par là seulement, que l'on peut donner aux hommes, et aux hommes les plus ardents à produire, la culture morale, le *self restraint* qui les mettra à même de bien user.

Les Assurances sur la vie humaine.

Le Conseil d'administration de la Société des Institutions de Prévoyance a commencé l'étude des questions relatives aux assurances sur la vie. Le travail ci-dessous reproduit, communiqué à la Société par M. Charles Robert, directeur de l'*Union* (l'une des principales compagnies de France), fait apprécier l'importance du sujet.

Vingt-six milliards de capitaux sont assurés sur la vie humaine chez les divers peuples du monde civilisé; dans ce nombre, les Etats-Unis comptent pour quinze milliards; l'Angleterre, pour huit milliards; la France, à peine pour un milliard et quart (1,247,600,000).

Lorsqu'avant le terme habituel de la vie, un père de famille, artisan, ingénieur, industriel, commerçant, avocat ou médecin, c'est-à-dire producteur d'un travail quelconque, vient à être frappé par la mort, un double fait économique se produit : Par la destruction prématurée de ce travailleur, de ce capital humain, de ce merveilleux instrument de richesse, et à côté du deuil moral qui remplit les cœurs, la patrie et la famille du défunt subissent, toutes deux, une perte matérielle comparable à l'incendie d'une usine ou à la ruine d'un domaine dont une inondation terrible aurait renversé les bâtiments et noyé les troupeaux. Pour la société, la perte du capital humain ainsi anéanti avant l'âge est irréparable; mais, pour la famille, cette perte *matérielle* peut être atténuée par la prévoyance : c'est l'assurance sur la vie qui en fournit le moyen.

« Les assurances sur la vie, dans l'acception la plus étendue de ce terme, sont des opérations où l'intérêt de l'argent se combine avec les chances de la mortalité, de manière à offrir des avantages que ne peuvent donner les placements ordinaires. Elles ont pour principe la prévoyance et l'économie, et pour résultat la création, la conservation et l'accroissement des patrimoines. » (E. Maas.)

Elles se divisent en deux grandes classes : les unes, notamment l'assurance sur la vie entière, ont pour objet des capitaux exigibles au décès de l'assuré; les autres, (assurances différées), se rapportent à des capitaux exigibles du vivant de l'assuré.

Une troisième catégorie d'assurances, les assurances mixtes, ont à la fois ce double caractère, leur capital étant exigible par l'assuré s'il est vivant au jour fixé, et par ses héritiers s'il meurt avant l'époque indiquée.

De toutes les opérations d'assurances sur la vie, *l'assurance sur la vie entière en cas de décès* est la plus avantageuse aux familles et aussi la plus répandue.

La prime annuelle assurant un capital de 10,000 francs payable, au décès de l'assuré, à sa veuve ou à ses enfants est fixée par les principales Compagnies françaises de la manière suivante :

Age de l'assuré	*Prime annuelle*
25 ans.	221 francs
30 —.	249 —
35 —.	284 —
37 —.	300 —
40 —.	328 —
45 —.	387 —

Au point de vue du droit civil, l'assurance sur la vie entière est un contrat par lequel une Compagnie s'oblige, moyennant une prime annuelle qu'elle perçoit pendant la vie de l'assuré, à payer, lors du décès de ce dernier, quelle qu'en soit l'époque, une somme déterminée.

Au point de vue économique et social, cette combinaison ingénieuse, qui a pour base l'épargne régulière d'une partie du revenu, et qui est destinée à protéger une famille contre les conséquences *matérielles* du décès prématuré de son chef, permet à celui-ci, moyennant un léger sacrifice annuel, de créer ou d'augmenter le patrimoine des enfants et de la veuve que sa mort laisserait dans la gêne ou le dénûment. La division de la propriété foncière, l'amour qu'elle inspire, les emprunts nationaux et les placements sûrs et faciles offerts ainsi aux petits capitaux, les habitudes laborieuses des populations françaises, les progrès de l'agriculture et de l'industrie, enfin la propagation de plus en plus rapide des caisses d'Epargne, facilitent et accélèrent sans doute la formation des fortunes privées ainsi que leur emploi judicieux et leur accroissement par la capitalisation des intérêts ; mais n'oublions pas les cas trop nombreux où ce long travail d'accumulation est interrompu par la mort du père de famille au moment où les premières pierres de son œuvre sont à peine posées. Comment préserver la jeune famille de ce danger redoutable ? L'assurance sur la vie seule répond à ce besoin social, et un tel résultat suffit en même temps pour démontrer la haute moralité de cette institution de prévoyance, et pour faire entrevoir les développements qu'elle comporte.

On voit par ce qui précède que l'assurance sur la vie ainsi comprise exclut toute idée de spéculation ; mais après en avoir fait ressortir le côté bienfaisant pour la famille, il faut ajouter qu'au point de vue personnel de l'assuré, elle peut devenir, selon les cas, un élément de bien-être pour la vieillesse, et pendant la période d'activité industrielle ou commerciale, un puissant moyen de crédit.

La fondation des premières Compagnies françaises d'assurances sur la vie remonte à environ cinquante ans, mais leur essor véritable ne date guère que de 1861. Pendant l'année précédente le chiffre des affaires réalisées n'était en effet que de 44 millions, tandis que les capitaux assurés en 1875 s'élèvent à 254,420,432 francs. Le chiffre annuel le plus considérable obtenu avant la guerre est celui de 1869 : 201,800,000 francs.

Au 31 décembre 1874 les contrats d'assurances sur la vie en vigueur dans les Compagnies françaises étaient au nombre de 121,200, et représentaient, en capitaux assurés, un total de 1,247,000,000 francs. Un article publié par M. Thomereau dans le *Moniteur des assurances*, en janvier 1874, fait connaître qu'au 31 décembre 1871 le chiffre des capitaux assurés en cours aux États-Unis s'élevait à 15 milliards de francs, et celui de la production annuelle à environ 4 milliards 200 millions. En Angleterre le total des capitaux assurés en cours atteignait 8 milliards de francs. Dans les pays allemands (y compris la Suisse allemande) le montant des capitaux assurés en cours était à la fin de 1872 de 2 milliards 23 millions de francs.

C'est un total général, y compris la France, de 26 MILLIARDS

270 millions, et ce chiffre est certainement bien inférieur aujourd'hui au chiffre réel.

Le chiffre moyen de la police d'assurances est aux Etats-Unis de 13,000 francs par police; en Angleterre de 12,000 francs; en France de 10,000; en Allemagne de 3,450 francs seulement.

Il y a aux Etats-Unis, 1 assuré sur 34 habitants; en Angleterre 1 sur 48; en Allemagne 1 sur 120; en France 1 sur 360.

L'auteur de l'article que nous citons conclut en ces termes :

« Les Etats-Unis, où l'assurance sur la vie est aujourd'hui dix fois plus répandue que chez nous, l'Angleterre où elle l'est presqu'autant qu'en Amerique, ont un nombre d'assurés qui n'est pas encore le quart de ce qu'il devra être, de ce qu'il sera dans l'avenir. C'est avouer que nous ne sommes nous-mêmes qu'au début et qu'il nous reste presque tout à faire. »

Questions d'intérêt général

relatives aux Institutions de prévoyance.

Le secrétariat répond directement aux personnes qui demandent conseil ou information sur des points particuliers.

— La législation des Caisses d'épargne autorise les versements par intermédiaire, et en conséquence, les versements faits par les instituteurs dans le fonctionnement des Caisses d'épargne scolaires, comme les versements faits par les administrateurs des Penny Banks ou Bureaux d'Epargne. Voir l'article 28 du décret du 15 avril 1852, rendu en forme de règlement d'administration publique, sur la proposition des ministres des finances et du commerce, le Conseil d'Etat entendu; et l'instruction ministérielle du 4 juin 1857, articles 7 et 14, en exécution du décret précité.

— Les Penny Banks, ou *Bureaux d'épargne*, ont pour but de recueillir les épargnes les plus modiques, inférieures au franc, minimum accepté dans les grandes Caisses d'épargne, et de servir d'intermédiaires entre les ouvriers et la Caisse d'épargne de la localité, en recueillant les dépôts dans des conditions plus commodes pour les déposants, ainsi au moment des paies et dans les ateliers mêmes, et en se chargeant de transmettre les fonds le plus tôt possible à la Caisse d'épargne, et de faire inscrire les épargnes sur les livrets individuels des ouvriers.

Les Caisses d'épargne scolaires sont des Penny Banks spécialement organisés pour les écoliers et dans les écoles; elles font pour les enfants ce que les Penny Banks font pour les apprentis et les ouvriers.

Les deux institutions se définissent ainsi dans leur rôle : mettre le mieux possible la Caisse d'épargne à la portée et à la mesure du petit monde. Voir le *Manuel*, pour ces deux ordres d'établissements, qui diffèrent entre eux par le fonctionnement comme par leurs agents d'action.

— Voir à la page 58 de la présente publication, l'organisation des *Bureaux d'Epargne des Manufactures nationales*, réglée en corrigeant certaines imperfections reconnues dangereuses des anciens *Pony Banks*, c'est-à-dire de manière que l'argent d'épargne recueilli par l'intermédiaire des Bureaux d'Epargne soit le plus tôt possible inscrit, au plus tard à la fin de chaque mois, sur les *livrets individuels* de chaque déposant par la Caisse d'Épargne de la localité.

— C'est dans la même pensée, de réduire et d'alléger le plus possible la tâche et la responsabilité de l'intermédiaire, qu'est formulé le système des Caisses d'Epargne scolaires, pratiqué avec succès depuis dix ans en Belgique, adopté en 1875 par l'Angleterre et l'Italie, et propagé depuis 1874 dans plus de deux mille trois cents écoles de France. La *note* (page 11) adressée aux Conseils généraux par la Société des Institutions de prévoyance, fait ressortir combien ce système tend surtout à ménager le travail et la responsabilité des Instituteurs, et donner ainsi à la Caisse d'Épargne scolaire son caractère éducatif.

Si d'une part le dévouement des Instituteurs, la responsabilité des Instituteurs et des autorités scolaires sont ainsi sagement ménagés, d'autre part, l'intérêt de fortune des Caisses d'Épargne est aussi bien servi par le système de la Caisse d'Épargne scolaire, si bien accueilli des Instituteurs. On peut le voir (page 13 et 14 de la *Note*) par la Caisse d'Épargne de Bordeaux, la plus ancienne, la plus importante et l'une des mieux administrées de nos départements, et qui se montre si satisfaite des résultats positifs des Caisses d'Epargne scolaires qu'elle prépare l'extension de ce service dans tout l'arrondissement de Bordeaux par ses quatorze succursales. On peut le voir encore par la Caisse d'Épargne de Beauvais, qui a fait ses preuves de bonne comptabilité il a quelques années, par sa réforme des procédés d'administration, devenus des modèles déjà imités, qui a été l'une des premières à accueillir les Caisses d'Épargne scolaires et à adopter le système Belge propagé ensuite en France. Et dans son Rapport de cette année, le Président du Conseil d'administration, M. Charvet, après avoir dit combien les administrateurs de Beauvais appréciaient l'institution des Caisses d'Epargne scolaires et le système, ajoute : « Les

« dépôts scolaires ne sont pas onéreux pour les Caisses « d'Epargne, comme on est disposé à le croire. En effet, il « ne nous ont occasionné, en 1876, qu'une dépense de 50 fr. « à peine, qui est largement compensée par les bienfaits « matériels et moraux... »

On peut donc dire que l'expérience française a consacré elle aussi la *méthode* qui fait la valeur et le succès des Caisses d'Epargne scolaires en Belgique, en Angleterre et en Italie. Toute altération de cette méthode, qui aurait pour effet de grever la tâche et la responsabilité des instituteurs, sans autre motif qu'une réduction des frais administratifs de la Caisse d'Epargne, doit donc être repoussée comme inutile, non moins que dangereuse pour les instituteurs et les autorités scolaires.

— Un des caractères essentiels des Caisses d'épargne, d'après la législation de presque tous les pays de l'Europe, notamment de l'Angleterre, de la Belgique, de la Hollande, de la Suède, du Danemark, de l'Allemagne, de l'Autriche, de l'Italie, de la France, c'est que ces établissements d'utilité publique excluent toute idée de lucre, de profit, de dividende, de la part des fondateurs, administrateurs, patrons ou gérants. Les exceptions à ce principe sont rares; et elles ont amené des écarts ou des abus tels qu'on peut dire que dans cette expérience l'exception a confirmé la règle. Voir, par exemple, les sparcassen de Hongrie dans ces dernières années et pendant la crise de 1873. (Annuaire financier *Compass* de Gustave Leonhardt, 1874-75-76, Vienne.)

— Les Caisses d'épargne scolaires ne peuvent être confondues avec les Caisses scolaires; celles-ci sont des œuvres de charité, alimentées par des aumônes ou des subventions, et qui ont pour but de provoquer des dons ou allocations et d'appliquer surtout ces ressources de la bienfaisance publique ou privée à procurer aux écoliers très-pauvres des vêtements, des aliments, des fournitures de classe, etc., qui facilitent et encouragent la fréquentation des écoles. (Art. 15 de la loi du 10 avril 1867 sur l'enseignement primaire; et instruction ministérielle du 12 mai 1867.)

L'institution des Caisses d'épargne scolaires est une branche de l'éducation primaire : l'enseignement pratique de l'économie par l'exercice de l'épargne, mis à la portée des écoliers.

Ces deux institutions, Caisse d'épargne scolaire et Caisse scolaire, toutes deux recommandables à des points de vue divers, sont absolument différentes de caractère, de but, et par conséquent d'organisation.

Par une circulaire, en date du 1er octobre 1875, adressée à MM. les Trésoriers-payeurs généraux et Receveurs des finances, le Directeur général de la comptabilité publique, M. le conseiller d'Etat Fr. de Roussy, a réglé des mesures destinées à faciliter le développement et le fonctionnement des Caisses d'Épargne scolaires.

Après avoir signalé le caractère d'initiative libre et de dévouement volontaire des Caisses d'Epargne scolaires, et indiqué le système d'opération des instituteurs, conforme aux dispositions formulées dans le *Manuel des Caisses d'Epargne scolaires*, la circulaire fait connaître que, d'accord avec les ministères de l'agriculture et du commerce, le ministère des finances a décidé « que les fonds destinés à la fourniture des imprimés « nécessaires au service des Caisses d'Epargne scolaires, et « votés par les conseils généraux, les communes, des associa- « tions ou même des particuliers, pourraient être centralisés « dans les écritures des trésoriers généraux, à l'instar des « cotisations municipales et particulières. Les Receveurs des « finances ouvriront, à cet effet, à la nomenclature des cotisa- « tions un paragraphe qui sera intitulé : *Fonds destinés à la* « *fourniture des Caisses d'Epargne scolaires*. Les fonds « ainsi centralisés seront mandatés par le préfet au profit soit « des fournisseurs, soit des personnes autorisées par les con- « seils généraux ou municipaux à retirer les fonds. »

Voici une indication de la dépense d'établissement d'une

Caisse d'épargne scolaire pour une école d'environ cent enfants :

Le Registre de la Caisse d'Epargne scolaire. —

— 1 feuille de tête	» fr. 05	
— 25 feuilles intercalaires à 0,05^{c}, la feuille de 4 pages.	1	25
30 bordereaux mensuels à 0.03 c.	»	90
100 feuilles volantes avec notice au verso à 0,03 c.	3	»
300 feuilles notices à 1 fr. le cent. et à 9 fr. le mille.	3	»
Le Manuel des Caisses d'Epargne scolaires	»	60
Total.	8 fr. 80	

La collection de ces imprimés se trouve à la librairie administrative Paul Dupont et Cie.

Aux termes de l'article 2 de ses statuts, la Société des Institutions de prévoyance peut aider par ses conseils ou encourager par des récompenses les œuvres de prévoyance dont elle apprécie l'utilité, et les personnes dont les services auraient été reconnus les plus utiles au développement des institutions de cette nature.

En conséquence, les organisateurs ou directeurs d'œuvres de prévoyance (notamment aujourd'hui, de Caisses d'épargne scolaires ou de Penny Banks, établis dans les écoles, les ateliers, les patronages d'apprentis et les manufactures), sont invités à faire connaître les résultats de leurs efforts, en adressant au Secrétariat de la Société un état détaillé des opérations de l'œuvre due à leur initiative ou à leur concours.

Les mémoires, rapports et ouvrages, adressés à la Société et qui ont pour objet de créer, améliorer ou propager des Institutions de prévoyance, sont examinés avec soin par le Conseil, et, s'il y a lieu, analysés ou reproduits dans les travaux publiés par la Société.

— MM. les Membres titulaires ou correspondants sont priés d'envoyer leurs cotisations ou donations à l'adresse de M. le Trésorier de la Société des Institutions de prévoyance, 44, rue de Rennes, à Paris, en un mandat de poste.

TABLE DES MATIÈRES

Paris-Imp. PAUL DUPONT, 41, rue Jean-Jacques-Rousseau. — 193.8.76

BIBLIOGRAPHIE DES INSTITUTIONS DE PRÉVOYANCE

Les ouvrages relatifs à la Prévoyance et adressés à la Société en double exemplaires sont analysés ou mentionnés dans les publications de la Société.

— *Vie de Franklin*, par M. Mignet, 2 vol. in-32, 1849.

— *La Science du Bonhomme Richard*, de Benjamin Franklin, précédée de la *Jeunesse de Franklin*, par M. Ed. Laboulaye. In-32. (Prix 30 c.)

— *Premières notions d'économie politique*, (1 vol. in-18), 2 fr. 50 c. ; — et *Traité d'économie politique*, (1 fort vol. in-18), 7 fr. 50 c., par M. Joseph Garnier (de l'Institut).

— *Constitution, Histoire et Avenir des Caisses d'épargne de France*, par M. Ch. Dupin, ouvrage publié en 1845 comme résumé de leçons données au Conservatoire des Arts et Métiers. In-12. Paris. (Prix 60 cent.)

— *Etudes de législation comparée*, publiées par M. de Malarce, pour la réforme des Caisses d'épargne de France, d'après les missions scientifiques dont il a été chargé par le gouvernement français pour étudier les Caisses d'épargne d'Angleterre (1870-1875), d'Autriche (1873) et de Belgique (1874). Ces travaux sont résumés en partie dans les quatre mémoires intitulés:

I. *Les Caisses d'épargne en Angleterre et en France après la guerre : Moyens d'assurer et de développer l'institution en France* (REVUE DES DEUX-MONDES du 15 Juin 1872), 3e édition, in-8°. (Prix 1 fr.)

II. *L'Organisation administrative des Caisses d'épargne en Angleterre, en Belgique, en Autriche et en France* (ECONOMISTE FRANÇAIS du 7 février 1874). Br. in-8°.

III. *Assurer et développer les Caisses d'épargne d'après l'expérience de l'Angleterre, de la Belgique, de l'Autriche et de la France* (JOURNAL DES DÉBATS, avril-mai 1874), 2e édition. (Prix 1 fr.)

IV. *Notice historique et Manuel des Caisses d'épargne scolaires et des Penny Banks*, 5e édition, augmentée d'une Revue des progrès et des résultats de ces institutions (prix 60 cent.). Chez Guillaumin, à la Librairie des Economistes, et chez Paul Dupont, à la Librairie Administrative.

— *Etat de la question des Caisses d'épargne en France*. Extrait du JOURNAL DES ECONOMISTES, juillet 1874.

— *Réorganisation des Caisses d'épargne en France*, étude par M. A. Flattet, publiée à Grenoble, 1875.

— *Origin and Progress of the Post-office Savings Banks*, rapports officiels.

— *The Provident Knowledge papers*, par M. G. Bartley, série de petits traités populaires, à 1 penny, publiés sous le patronage de la *Provident Knowledge Society*; à Londres.

— *Science for the people*, moyens de propager les connaissances physiques, techniques et sociales parmi les classes ouvrières, par M. Thomas Twining, vice-président de la Society of Arts ; à Twickenham, 1870.

— *Compass*, Annuaire financier d'Autriche-Hongrie, par M. Gustav Leonhardt, 9e année, 1876, Vienne. Les *Sparkassen* d'Autriche et de Hongrie sont chaque année l'objet d'une étude développée.

— *Statistica delle Casse di Risparmio in Italia ed all'Estero;* résultats de l'enquête statistique faite par le Bureau central de Statistique du Ministère de l'Agriculture, Industrie et Commerce d'Italie, par suite d'une délibération du Congrès International tenu à Saint-Pétersbourg en 1872. 2 vol. grand in-8°, publiés à Rome, 1875.

— *De l'organisation des Sociétés de Prévoyance et des bases scientifiques sur lesquelles elles doivent être établies*, par M. Gustave Hubbard. Paris, 1852, 1 vol. in-8°. Ouvrage couronné par l'Académie des Sciences.

— Théorie des Annuités viagères et des Assurances sur la vie, par M. Maas. Paris, 1868.
— L'Assurance sur la vie — et Notice sur la Caisse de Prévoyance des Employés de la Cie d'Assurances générales, par M. A. de Courcy, Paris, 1871.
— Les Questions d'argent : l'Assurance sur la vie, par M. Edmond About. Paris, librairie Hachette.
— Les Fruits du Travail, par M. Charles Robert, étude sur les Essais tentés pour la participation des employés et ouvriers dans les bénéfices. In-12, 1870.
— Jahresbericht von H. Schulze-Delitzsch, rapport annuel sur les Sociétés économiques et industrielles allemandes fondées sur le principe de l'Aide-toi, Leipzig, 1859 et s.

SOCIÉTÉ
DES
INSTITUTIONS DE PRÉVOYANCE
FONDÉE A PARIS LE 14 NOVEMBRE 1875.
Autorisée par arrêté du 24 mars 1876.

(Extrait des Statuts)

Le but de la Société est ainsi défini :

1° Poursuivre et favoriser l'étude comparée des législations, des procédés et des faits relatifs aux Institutions de Prévoyance dans les divers pays du monde;

2° Encourager les Institutions de Prévoyance, déjà fondées ou à fonder, et aider leur développement;

3° Propager les vues et les moyens reconnus les plus propres à répandre les habitudes de prévoyance.

La Société publie un **Bulletin**, qui est adressé à tous les membres de la Société.

Elle publie ou patronne des écrits conformes à son but.

Elle ne prend la direction d'aucune œuvre; mais elle peut aider par ses conseils ou encourager par des récompenses les œuvres de prévoyance dont elle apprécie l'utilité, et les personnes les mieux dévouées aux institutions de cette nature.

La Société est administrée par un Conseil d'Administrateurs à vie, composé de trente membres au plus, qui élit dans son sein les membres du Bureau de la Société.

Le Conseil élit tous les six mois un Vice-Président, qui supplée au besoin le Président, et qui devient Président pour le semestre suivant.

Les membres de la Société sont, outre les **Administrateurs**, les personnes admises par le Conseil, sur la proposition du Bureau, comme **Membres titulaires**, souscripteurs d'une cotisation annuelle de 10 francs, ou comme **Membres adhérents**, souscripteurs d'une cotisation annuelle de 5 francs.

Le titre d'**Associé étranger** peut être décerné par le Conseil, sur la proposition du Bureau, à des étrangers ayant rendu des services dans les sciences ou dans les œuvres en rapport avec le but de la Société.

Le titre de **Président d'honneur** peut, de la même manière, être décerné à des personnes françaises ou étrangères.

Le titre de **Membre d'honneur** peut être décerné par le Conseil au donateur d'une somme de 200 francs ou plus. Cette donation remplace la cotisation annuelle.

Chaque année le Conseil convoque l'Assemblée générale.

www.ingramcontent.com/pod-product-compliance
Lightning Source LLC
LaVergne TN
LVHW020417230826
846091LV00004B/1300

* 9 7 8 2 0 1 3 5 8 0 4 6 5 *